MAHLZEIT!

WANN KOCHEN WIR ENDLICH WIEDER?
TODAY

EINLEITUNG

FRÜHSTÜCK UND GROßE PAUSE

IMMER, WENN ICH HUNGRIG BIN

FÜRS SCHLECKERMÄULCHEN

BASTELEIN

HI!

Ich bin NomNom, das Lama, das immer auf der Suche nach wunderbaren Köstlichkeiten ist. Komm, ich koch' mit dir alle meine Lieblingsspeisen und zeig' dir auch gleich, wie rasch gute Küche geht. Meine Rezepte sind alle nicht nur herrlich einfach und flexibel, sondern du kannst, wie bei einem Baukasten, dein Menü aus kleinen und großen Gerichten und ganz nach deinem Geschmack zusammenstellen!

Da sag' ich nur:

NOMNOMS TAGEBUCH DES GUTEN GESCHMACKS

Unser NomNom ist seit vielen Jahren in der weiten Welt unterwegs, um kulinarisches Wissen aufzusaugen. Zum Glück hat es nicht nur seine große Jausenbox, sondern auch das Tagebuch stets mit dabei!

19. Oktober 2017, Gamlitz, Österreich
DAS KÜRBIS-BEISPIEL

Klar, die Südsteiermark ist wunderschön. Aber heute hab' ich eine herrliche Kürbiscremesuppe gegessen und mich dann gefragt, warum sie so gut war. Die Antwort konnte ich mir dann gleich selbst geben: Es ist Herbst, und im Herbst sind bei uns eben Kürbisse reif. Klar, dass eine Kürbiscremesuppe im Frühling kaum so herrlich schmecken kann. Also hab' ich mir gleich fest hinter meine Lama-Ohren geschrieben: Von heute an esse ich nur noch regionale Produkte, die gerade reif sind, am besten mit dem Bio-Siegel drauf, die gerade reif sind. Denn das schmeckt man und es tut auch meinem Körper gut!

8. Mai 2018, Hannover, Deutschland.
DAS FRUCHTWASSER-EXPERIMENT

Heute hab' ich zufällig Dr. Christian Albring kennen gelernt. Und der Herr Doktor hat mir etwas Spannendes erzählt: Er sagt, was Kindern später schmeckt, entscheidet sich schon in der Schwangerschaft. Viele Geschmacksstoffe aus der Nahrung der Mutter gelangen auch ins Fruchtwasser. Da Babys im Mutterleib regelmäßig Fruchtwasser schlucken, kommen sie schon früh in Kontakt mit dem Geschmack der Lebensmittel, die ihre Mama gegessen hat. Diese Geschmacksstoffe können Kinder lebenslang prägen. Auch die Muttermilch enthält Geschmacksstoffe aus der Nahrung der Mutter. Isst die Mutter sehr vielseitig, erhalten Kinder durch das Stillen viele verschiedene Geschmackseindrücke. "Mütter, die beispielsweise oft Obst und Gemüse essen, übertragen diese Vorliebe häufig auf ihre Kinder, da ihnen dieser Geschmack von Anfang an vertraut ist", sagt Albring.

10. August 2018, Berlin, Deutschland
DIE SALZ-SITUATION

Ich wollte eigentlich privat durch Berlin bummeln, aber am Ende bin ich bei der Präsentation einer Studie der Vereinigung "Foodwatch" gelandet. Und das war schon echt interessant - hierbei haben Experten festgestellt, dass vor allem in Fertiggerichten unglaublich viel Salz enthalten ist. Also in einer Fertigpizza zum Beispiel so viel, dass dein gesamter Tagesbedarf gedeckt ist! Ich kann nur eines immer wieder und wieder sagen: Frisch kochen, selbst würzen - und schon lebt man gesünder!

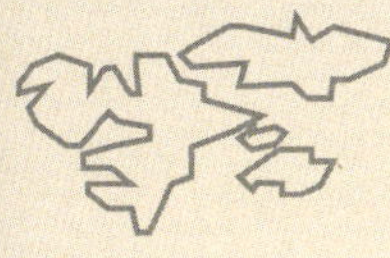

6. Oktober 2018, Oxford, UK

DIE FRÜHSTÜCKS-ERKENNTNIS

Ich hab' es ja schon immer gesagt: Das Frühstück ist die wichtigste Mahlzeit des Tages! Jetzt haben mir Forscher aus Oxford genau das bestätigt. In ihrer Studie schreiben sie, dass diese erste Mahlzeit des Tages im Idealfall 25 % unseres gesamten Kalorienbedarfs decken soll, weil vor allem unser Gehirn diese Energie zum Denken benötigt.

28. November 2018, Los Angeles, USA

DER HÜHNERNUGGET-VERGLEICH

Kaum zu glauben, aber ich war bei einer großen Kochshow in Santa Monica zu Gast und hab' den Sterneköchen dort heimlich über die Schulter geschaut. Was ich gelernt hab': Man kann Fast-Food-Gerichte mit hochwertigen Zutaten selbst kochen, sodass sie gesunde Köstlichkeiten werden. Ich hab' am Abend gleich selbst Hühnernuggets gemacht. Einfach nur herrlich!

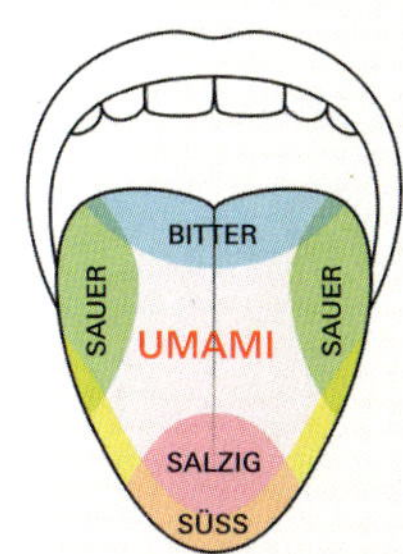

23. Februar 2019, Tokio, Japan

DAS GESCHMACKS-ERLEBNIS

Natürlich hab' ich schon vom fünften Geschmack namens Umami gehört. Aber bei meinem Tokio-Besuch ist mir nun erst wirklich bewusst geworden, was Umami bedeutet: fleischig, würzig oder wohlschmeckend, rundum erfüllend eben! Ein japanischer Ernährungsexperte hat mir außerdem erklärt, dass in Japan diese Geschmacksrichtung schon vor über 100 Jahren vom japanischen Chemiker Kikunae Ikeda entdeckt wurde - aber erst 2002 auch von westlichen Wissenschaftern als eigener Geschmack anerkannt wurde. Seither wissen wir, dass unsere Zunge nicht nur süß, sauer, salzig und bitter wahrnehmen kann, sondern auch - umami!

6. Mai 2019, Wien, Österreich

DIE BITTERE ZUCKERSEITE

Das war ein spannender Zuckergipfel, den Österreichs Gesundheitsministerin einberufen hat - und ich durfte als einziges Lama den Vorträgen lauschen. Was mich am meisten erschreckt hat: Wie viel Zucker in manchen Produkten enthalten ist. Hast du etwa gewusst, wie viel Zuckerwürfel in einer normalen Nuss-Nougat-Creme enthalten sind? 83 Würfel, was 250 g Zucker entspricht! Deshalb hab' ich gleich ein eigenes Schokonussaufstrich-Rezept entwickelt, das ganz ohne herkömmlichen Zucker auskommt. Du findest es natürlich in diesem Buch - auf Seite 66..

15. Juni 2019, Paris, Frankreich

DIE TRAININGS-ERKENNTNIS

Was für eine schöne Stadt, dieses Paris! Und es gibt so viele gute Dinge zu essen. Dabei ist mir übrigens eines aufgefallen: Bei uns bekommen kleine Kinder immer nur Karotten oder irgendeinen Brei vorgesetzt - hier werden schon Zweijährige mit Oliven, Pilzen, Schimmelkäse und sogar Entenleber verwöhnt! Das ist wohl auch der Grund, warum französische Kinder nach einem Jahr 40 Geschmäcker mögen, österreichische hingegen nur zehn. Werden einem Kind also von klein auf verschiedene Speisen angeboten, wird sein Geschmacksempfinden differenzierter ausgeprägt. Angeblich gibt's eine Faustregel: Die ersten 1.000 Hauptmahlzeiten eines Kindes entscheiden darüber, ob es einmal ein Feinschmecker wird!

DA BLEIBT MIR DIE SPUCKE WEG!

Dass wir Lamas dauernd spucken, das stimmt nicht. Wir sind total friedlich. Aber wenn uns jemand ärgert, was sollen wir denn machen? Und, ganz ehrlich: Spucke ist doch auch bloß Wasser. Und Wasser ist: richtig wichtig! Ohne Wasser gäbe es kein Leben auf der Erde. Wir könnten auch nicht so gute Speisen kochen, wie ich dir auf den nächsten Seiten zeigen werde. Aber davor musst du noch einiges über Wasser wissen:

31.000 Kilometer

So lange wären alle Flüsse, die durch Österreich fließen, wenn man sie aneinanderreihen würde. Das ist so weit wie von Österreich bis Australien und wieder zurück!

2 × der Bodensee

So viel Wasser regnet es jedes Jahr auf unsere fruchtbare Alpenrepublik. Und weil der Bodensee der größte See Österreichs ist, kann man getrost sagen: Das ist ziemlich viel Wasser! 92 Kubikkilometer, um es mathematisch auszudrücken.

10 % Wasserverlust

reichen völlig aus, um deinen Körper in eine echte Notlage zu bringen. Die ersten Anzeichen für Flüssigkeitsmangel sind Durst, Kopfschmerzen und Konzentrationsprobleme. Also: Immer genug trinken, dann geht alles besser von der Hand!

130 Liter

So viel Wasser verbraucht jeder von uns pro Tag. Das ist mehr, als man auf den ersten Blick glauben möchte, aber beim Duschen, Wäschewaschen, Geschirrspülen und vielen anderen unserer Tätigkeiten kommt ganz ordentlich viel zusammen.

0,7 Prozent

Nur so wenig des gesamten Wassers unseres Planeten können wir auch trinken! 97,5 % des gesamten Wasservorkommens sind nämlich Salzwasser und somit nicht genießbar. Den Rest findest du in gefrorener Form in unseren Gletschern. Es ist also wirklich wichtig, mit unserem wertvollen Wasser gewissenhaft umzugehen.

75-80 Prozent

Der Körper eines Babys besteht tatsächlich zu einem Großteil aus Wasser! Dieser Wert nimmt dann aber mit zunehmendem Alter ab, bis ein erwachsener Mensch bloß noch zu 60 bis 70 % aus Wasser besteht. Aber das entspricht noch immer einer durchschnittlichen Wassermenge von 43 Litern pro Person.

5 Liter

So viel Wasser braucht ein Lama wie ich pro Tag. Vor allem im Sommer darf es nicht weniger sein. Und: Wir mögen nur frisches Wasser, bei abgestandenen Lacken rümpfe ich meine Lamanase und suche nach einer anderen Tränke. Ihr Menschen braucht übrigens nur ungefähr 2,5 Liter, um fit zu sein!

1 Million Plastikflaschen

So viele Flaschen aus Kunststoff werden weltweit pro Minute produziert. Nur, damit wir aus ihnen unser Mineralwasser oder andere Getränke genießen können. Und weil das Plastik meist am Ende im Meer landet und von Delfinen, Schildkröten und anderen Tieren für Futter gehalten wird, stellt dieser Müll eine besonders große Gefahr für unsere Umwelt dar. Also: Lieber Glas- oder Metallflaschen mit in die Schule und den Kindergarten nehmen, das ist vieeel gesünder. Oder du machst es wie ich – und trinkst direkt aus der Wasserleitung.

90 % Wasser

Unser Gehirn besteht tatsächlich fast zur Gänze aus Wasser. Deshalb leidet es auch sehr schnell unter Wasserverlust, und wir müssen darauf achten, es mit ausreichend Flüssigkeit zu versorgen. Dazu eine kleine Faustregel: Kinder sollten pro Tag 50-100 ml Wasser pro Kilogramm Körpergewicht trinken, Erwachsene 30-50 ml.

Nur Erwachsene

Der Thermomix® darf nur von Erwachsenen in Betrieb genommen und bedient werden!

Unter Volldampf

Lass den Thermomix® niemals unbeaufsichtigt, wenn er in Betrieb ist. Bedenke, wenn du mit dem Thermomix® kochst: Der Mixtopf kann heiß werden, das er-kennst du daran, dass die LED-Lämpchen über dem Display rot leuchten. Beim Kochen oder Dampfgaren kann heißer Dampf durch die Deckelöffnung oder den Varoma austreten.

Achtung: verriegelt!

Der Thermomix® verriegelt aus Sicherheitsgründen den Mixtopf, bevor er in Betrieb geht. Kinder-hände haben hier nichts zu suchen!

AUFPASSEN, DAS IST WICHTIG!

Der Thermomix® ist eine multifunktionale Küchenmaschine, und daher ist es wirklich wichtig, auf deine Sicherheit zu achten. Bitte lies die ausführlichen Sicherheitshinweise aus der Gebrauchsanleitung des Thermomix® genau durch, bevor du mit dem ersten Rezept loslegst!

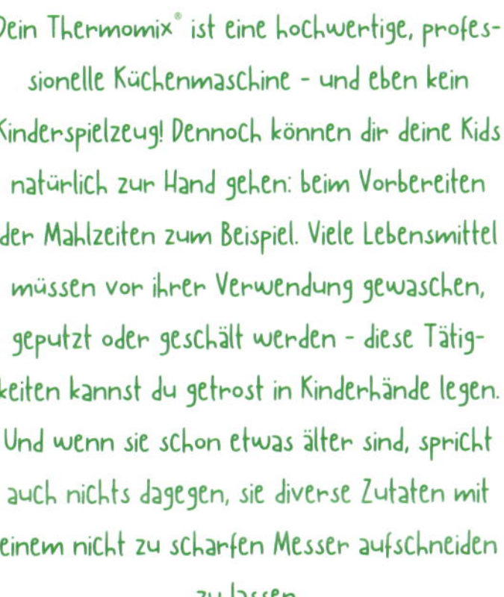

Der Mixtopf ist schwer

Den Mixtopf dürfen nur Erwachsene
herausnehmen! Der volle Mixtopf ist
für Kinderhände zu schwer, immerhin
passen bis zur Maximalmarkierung 2,2 l
Füllmenge hinein. Es soll doch nichts
auf dem Boden landen.

Hände weg vom Messer!

Das Mixmesser ist so richtig scharf
und definitiv nichts für zarte Kinder-
hände. Handhabe das Messer vorsichtig und fasse es niemals an den
Klingen an.

Alles stabil?

Achte darauf, dass dein Thermomix®
auf einer ebenen, glatten und stabilen
Oberfläche steht. Nur dann funktioniert
die Waage einwandfrei, und beim
Kneten, Rühren und Mixen bleibt der
Thermomix® auf seinem Platz.

DABEI DÜRFEN KINDERHÄNDE HELFEN

Dein Thermomix® ist eine hochwertige, profes-
sionelle Küchenmaschine - und eben kein
Kinderspielzeug! Dennoch können dir deine Kids
natürlich zur Hand gehen: beim Vorbereiten
der Mahlzeiten zum Beispiel. Viele Lebensmittel
müssen vor ihrer Verwendung gewaschen,
geputzt oder geschält werden - diese Tätigkeiten kannst du getrost in Kinderhände legen.
Und wenn sie schon etwas älter sind, spricht
auch nichts dagegen, sie diverse Zutaten mit
einem nicht zu scharfen Messer aufschneiden
zu lassen.

Aber auch das Abzupfen von Kräuterblättchen
das Ausrollen von Teigen, Ausstechen von
Keksen, Tisch decken, oder das Serviettenfalten
- alles Schritte, die du wunderbar deinen Kids
überlassen kannst. Drück dabei aber vielleicht
ein Auge zu, wenn nicht alles perfekt wird.
Sonst verlieren sie schnell den Spaß daran!

Selbst das Stöbern nach Rezepten und Kombi-
nationen, die euch schmecken, macht gemeinsam noch mehr Freude. Oder besser gesagt: Es
ist der perfekte Weg zur puren Vorfreude auf
herrliche Köstlichkeiten.

BIRCHERMÜSLI TO GO

ACHTUNG! Der folgende Satz ist nicht für Kinderohren gedacht: Energiereiche Haferflocken, gesunde Nüsse, frisches Obst und Joghurt machen dieses Müsli zu einer gesunden Kraftbombe!
Übersetzung für Kinderohren: Ist wie ein Ü-Ei - nur, dass du die Überraschung schmecken kannst!

ZUTATEN

- 80 g Apfelsaft
- 1 Banane, reif, in Stücken
- 10 g Zitronensaft
- 30 g Walnüsse, halbiert
- 1 Apfel, entkernt, in Stücken
- 10 g Kokosöl oder 10 g Walnussöl
- 150 g Milch oder 150 g Mandeldrink
- 150 g Joghurt oder
  150 g Kokosjoghurt
- 60 g Haferflocken, feinblättrig
- 30 g Dinkelflocken
- 1 EL Kokosraspel
- ½ TL Zimt, gemahlen
- ¼ TL Vanille, gemahlen
- 100 g Himbeeren, frisch
- 100 g Heidelbeeren, frisch
- Ahornsirup zum Beträufeln (optional)

NÜTZLICHES ZUBEHÖR

Schraubgläser (Fassungsvermögen
à ca. 250 ml)

ZUBEREITUNG

1. Gib den Apfelsaft, die Banane und den Zitronensaft in den Mixtopf und püriere alles **5 Sek./Stufe 7**.
2. Gib die Walnüsse, den Apfel und das Kokosöl bzw. das Walnussöl zu und zerkleinere **2 Sek./Stufe 5**.
3. Gib die Milch, das Joghurt, die Haferflocken, die Dinkelflocken, die Kokosraspel, den Zimt und die Vanille dazu und mische **10 Sek./⟳/Stufe 3**. Befülle 4 Schraubgläser (Fassungsvermögen à ca. 250 ml) zu ¾ mit dem Müsli. Dekoriere die Gläser mit Himbeeren und Heidelbeeren. Beträufle die Beeren nach Wunsch mit Ahornsirup und verschließe die Gläser. Lass das Müsli ca. 30 Minuten durchziehen, bevor du es isst. Du kannst das „Birchermüsli to go" auch bis zur Verwendung verschlossen in den Kühlschrank stellen.

◿ 10 Min.   ◷ 40 Min.   ♨ einfach   ⊕ 4 Portionen

▥ pro Portion: Energiewerte 1260 kJ/301 kcal, Eiweiß 8 g, Kohlenhydrate 37 g, Fett 13 g, gesättigte Fettsäuren 6 g, Ballaststoffe 6 g

Mische die Trockenmischung mit Joghurt und/oder Milch und lass dem Müsli etwas Zeit, damit es quellen kann. Noch besser: Du bereitest das Müsli gleich als "Overnight Oat" am Abend davor zu, stellst es in den Kühlschrank und gibst morgens dann dein Lieblingsobst dazu.

Mit deiner eigenen Müsli-Trockenmischung kannst du nach Lust und Laune experimentieren. Alle Arten von Joghurt, Milch und Obst passen hervorragend dazu. Kreiere dein eigenes Super-Müsli!

BIRCHERMÜSLI TROCKENMISCHUNG

ZUTATEN

- 150 g Walnüsse
- 300 g Haferflocken
- 150 g Dinkelflocken
- 50 g Kokosraspel
- 2 TL Zimt, gemahlen
- 1 TL Vanille, gemahlen

NÜTZLICHES ZUBEHÖR

luftdicht verschließbarer Behälter

ZUBEREITUNG

1. Gib die Walnüsse in den Mixtopf und zerkleinere sie **3 Sek./Stufe 5**.
2. Gib die Haferflocken, die Dinkelflocken, die Kokosraspel, den Zimt und die Vanille dazu und mische alles **15 Sek./Stufe 3**. Fülle die Mischung in einen verschließbaren Behälter und verbrauche sie innerhalb von 3 Monaten.

10 Min. ⏱ 10 Min. 🌶 einfach 🍴 ganzes Rezept

📊 pro Portion (à 50 g): Energiewerte 570 kJ/136 kcal, Eiweiß 2 g, Kohlenhydrate 7 g, Fett 11 g, gesättigte Fettsäuren 3 g, Ballaststoffe 4 g

GRIESSPUDDING MIT APFELKOMPOTT

ZUTATEN

Apfelkompott
- 500 g Äpfel (ca. 5 Äpfel), geschält, geachtelt und entkernt, in Stücken
- 1/2 Zitrone, Saft gepresst
- 1/2 TL Zimt, gemahlen
- 50 g Cranberrys, getrocknet
- 100 g Wasser

Grießpudding
- 100 g Weichweizengrieß oder Dinkelgrieß
- 200 g Wasser
- 300 g Orangensaft, frisch gepresst
- 1 EL Zucker (optional)
- 1 EL Vanillezucker, selbst gemacht
- 200–250 g griechischer Joghurt (10 % Fett)

NÜTZLICHES ZUBEHÖR

Dessertgläser (à ca. 200 ml), Schüssel

ZUBEREITUNG

Apfelkompott
1. Gib die Äpfel, den Zitronensaft und den Zimt in den Mixtopf und zerkleinere alles **3 Sek./Stufe 4.5.** Schiebe die Zutaten mit dem Spatel nach unten.
2. Gib die Cranberrys und das Wasser dazu und koche es **5 Min./100 °C/Stufe ◢**. Fülle das Apfelkompott in eine Schüssel um.

Grießpudding
3. Stelle eine Schüssel auf den Mixtopfdeckel, wiege den Grieß ein und stelle die Schüssel beiseite.
4. Gib das Wasser, den Orangensaft, den Zucker und den Vanillezucker in den Mixtopf und lass es **5 Min./100 °C/Stufe 1** aufkochen.
5. Koche weitere **5 Min./100 °C/Stufe 2** und lass dabei den abgewogenen Grieß vorsichtig durch die Deckelöffnung auf das laufende Messer rieseln.
6. Gib das Joghurt dazu und mische alles **10 Sek./Stufe 5**. Gib in jedes Dessertglas je 1 EL Apfelkompott und schichte danach abwechselnd Grießpudding und Apfelkompott übereinander. Genieße den Grießpudding mit Apfelkompott lauwarm oder kalt.

SO MAG ES NOMNOM!

Du kannst den Grießpudding mit geraspelter Schokolade, mit Müsli oder gerösteten Nüssen bestreuen.

Besonders fein: Dein Grießpudding ist ein echter Allrounder! Er schmeckt zum Frühstück, als Dessert und auch als kleines Abendessen. Du kannst ihn aber auch in einem verschließbaren Glas in den Kühlschrank stellen und am nächsten Tag in die Schule oder zur Arbeit mitnehmen.

◢ 15 Min.   ⏱ 30 Min.   🌶 einfach   🍽 6 Portionen

📊 pro Portion: Energiewerte 866 kJ/207 kcal, Eiweiß 4 g, Kohlenhydrate 37 g, Fett 4 g, gesättigte Fettsäuren 2 g, Ballaststoffe 3 g

Du magst keine Cranberrys?
Nimm einfach Rosinen, die machen
deinen Pudding gleich noch ein
bisschen süßer.

MANDELPORRIDGE

ZUTATEN

- 50 g Mandeln, geschält
- 300 g Wasser
- 6 Datteln, getrocknet, entsteint
- 1 Msp. Vanille, gemahlen, oder
  1 TL Vanillezucker, selbst gemacht
- 1 Msp. Zimt, gemahlen
- 1 Prise Salz
- 60 g Haferflocken, feinblättrig
- 100 g Orangensaft, frisch gepresst
- Beeren, gemischt, frisch

ZUBEREITUNG

1. Gib die Mandeln, das Wasser, die Datteln, die Vanille, den Zimt und das Salz in den Mixtopf und mixe **2 Min./Stufe 10**.
2. Gib die Haferflocken und den Orangensaft dazu und koche **8 Min./95°C/Stufe 2**. Verteile das Porridge auf zwei Schüsseln und garniere es mit frischen Beeren.

◢ 10 Min.　🕐 15 Min.　einfach　2 Portionen

pro Portion: Energiewerte 1453 kJ/348 kcal, Eiweiß 9 g, Kohlenhydrate 41 g, Fett 16 g, gesättigte Fettsäuren 2 g, Ballaststoffe 8 g

- -

Den Mandeldrink kannst du auch schon am Vortag zubereiten und im Kühlschrank aufbewahren. Oder, du verwendest gekauften Mandeldrink.

Du kannst anstelle von Orangensaft auch Apfelsaft verwenden. Wenn du magst, kannst du auch Trockenfrüchte mitkochen: Trockenpflaumen oder -marillen eignen sich genauso gut wie Apfel- oder Birnenstücke. Finde heraus, was in dein Lieblingsporridge gehört!

SCHOKOPORRIDGE

ZUBEREITUNG

1. Gib die Haferflocken, das Salz, die Milch und das Wasser in den Mixtopf und koche es 8 Min./95°C/⟳/Stufe 2.
2. Gib die Schokolade dazu und mische 1 Min./⟳/Stufe 2. Fülle das Porridge in 2 Schüsseln und serviere es warm.

ZUTATEN

- 60 g Haferflocken, feinblättrig
- 1 Prise Salz
- 200 g Milch
- 200 g Wasser
- 50 g dunkle Schokolade, in Stücken

🔪 5 Min.   🕐 15 Min.   🌶 einfach   🍽 2 Portionen

📊 pro Portion: Energiewerte 1147 kJ/274 kcal, Eiweiß 10 g, Kohlenhydrate 35 g, Fett 10 g, gesättigte Fettsäuren 5 g, Ballaststoffe 6 g

Eine in Scheiben geschnittene Banane passt gut zum Porridge. Du kannst das Porridge auch mit Kirschen oder Weichseln dekorieren. Verschiedene Nüsse sind eine perfekte Ergänzung. Finde deine Lieblingszutaten!

HAFERFLOCKEN-HIMBEER-MUFFINS

Hast du gewusst, dass es über tausend unterschiedliche Muffinrezepte gibt? Wir haben uns trotzdem noch ein eigenes ausgedacht. Ein besonders fluffiges, das zudem gesünder und besser ist als die meisten anderen. Außerdem sind diese Fluffy-Muffins im Handumdrehen fertig!

ZUTATEN

- 200 g Milch
- 100 g Haferflocken, feinblättrig
- 60 g Butter, weich, in Stücken
- 1 Ei (Größe L)
- 50–60 g Rohrohrzucker, nach Geschmack
- 2 TL Vanillezucker
- 120 g Weizenmehl, glatt oder Dinkelmehl, glatt
- 3 TL Weinstein-Backpulver
- 1 TL Zitronensalzpaste, selbst gemacht (siehe Tipp)
- ½ TL Zimt, gemahlen
- 200 g Himbeeren, frisch, gewaschen

NÜTZLICHES ZUBEHÖR

Muffinblech (12er), Papier-Muffinförmchen

ZUBEREITUNG

1. Heize den Backofen auf 200 °C (Ober- und Unterhitze) vor. Lege die Mulden eines 12er-Muffinblechs mit Papier-Muffinförmchen aus.
2. Gib die Milch und die Haferflocken in den Mixtopf und erwärme sie **2 Min. 30 Sek./37 °C/↺/Stufe 2**.
3. Gib die Butter, das Ei, den Zucker, den Vanillezucker, das Mehl, das Backpulver, die Zitronensalzpaste und den Zimt dazu und vermische alles **30 Sek./↺/Stufe 4**.
4. Gib die gewaschenen, abgetropften Himbeeren dazu und hebe sie mit dem Spatel vorsichtig unter die Masse. Nun füllst du den Teig mit einem Löffel in die Förmchen. Backe die Muffins ca. 25 Minuten (200 °C) und lass sie danach abkühlen. Genieße die Haferflocken-Himbeer-Muffins zum Frühstück, als Dessert oder als Schuljause.

ICH BIN SCHON GANZ FLUFFIG!

Du kannst die Muffins auch als Dessert mit Vanilleeis oder Schlagobers servieren.

Zitronensalzpaste ist eine tolle Möglichkeit, um Zitronen haltbar zu machen und kann überall eingesetzt werden, wo Zitronenschale und/oder -saft und eine Prise Salz gebraucht wird. Das Rezept dafür findest du auf Cookidoo®. 1 TL Zitronensalzpaste kannst du durch 1 TL Zitronensaft, 1 TL Zitronenabrieb und 1 Prise Salz ersetzen.

VARIATIONEN:

Das Weizenmehl lässt sich gut durch Dinkelmehl ersetzen oder du verwendest zur Hälfte Vollkornmehl.

Heidelbeeren, Brombeeren oder Erdbeeren sind für dieses Rezept ebenfalls gut geeignet. Du kannst auch eine Beerenmischung verwenden, egal, ob frisch oder tiefgekühlt.

15 Min. • 40 Min. • einfach • 12 Stück

pro Stück: Energiewerte 616 kJ/147 kcal, Eiweiß 4 g, Kohlenhydrate 19 g, Fett 6 g, gesättigte Fettsäuren 3 g, Ballaststoffe 2 g

FRÜHSTÜCKSRIEGEL

Wenn es unter der Woche am Morgen einmal ein bisschen hektisch wird: Diese guten und kraftvollen Riegel sind das beste Rezept, um Zeit zu sparen und gleichzeitig Energie zu tanken. Einfach jedem ein paar einpacken und ab ins Getümmel!

ZUTATEN

- 70 g Vollkornreis
- 1 EL Leinsamen
- 1 EL Chiasamen
- 140 g Äpfel, Sorte Pink Lady (ca. 1 Apfel), geschält, geviertelt und entkernt
- 200 g gemischte Trockenfrüchte, entkernt (z. B. Datteln, Marillen, Pflaumen, Gojibeeren, Cranberrys – siehe Variante)
- 90 g Haferflocken, feinblättrig
- 50 g Puffreis
- 20 g Kokosraspel
- 70 g Zucker
- 50 g Honig
- 50 g Kokosöl, etwas mehr zum Einfetten
- 2 EL Kürbiskerne
- 2 Eier (Größe M)

NÜTZLICHES ZUBEHÖR

Backpapier, luftdicht verschließbare Dose, Kuchengitter, Auflaufform (30 x 20 cm), Schüssel, Backpinsel

ZUBEREITUNG

1. Heize den Backofen auf 180 °C (Ober- und Unterhitze) vor. Fette eine Auflaufform (30 x 20 cm) mit Kokosöl ein. Lege die Form mit Backpapier aus und lass dabei das Backpapier 2 cm überstehen.
2. Gib den Vollkornreis, die Leinsamen und die Chiasamen in den Mixtopf und zerkleinere alles **1 Min./Stufe 9**. Fülle die Mischung in eine Schüssel um.
3. Gib die Apfelviertel in den Mixtopf, zerkleinere sie **4 Sek./Stufe 5** und schiebe sie mit dem Spatel nach unten.
4. Gib die gemischten Trockenfrüchte dazu und zerkleinere sie **3 Sek./Stufe 7**. Schiebe alles mit dem Spatel nach unten und zerkleinere nochmals **3 Sek./Stufe 7**. Schiebe alles mit dem Spatel nach unten.
5. Gib die Haferflocken, den Puffreis, die Kokosraspel, den Zucker, den Honig, das Kokosöl, die Kürbiskerne, die Eier und die Reis-Leinsamen-Chiasamen-Mischung dazu und vermische alles mithilfe des Spatels **30 Sek./↺/Stufe 3**.
6. Gib die Masse in die vorbereitete Auflaufform und drücke sie mit dem Rücken eines Esslöffels fest, bis die Oberfläche glatt ist. Backe die Müsliriegel 15–20 Minuten (180 °C), bis die Oberfläche hellbraun geworden ist. Lass die gebackene Masse 20 Minuten auf einem Kuchengitter abkühlen, nimm sie danach mit dem Backpapier aus der Form und lass sie komplett abkühlen.
7. Schneide die Masse in 16 gleich große Riegel. Serviere die Riegel sofort oder bewahre sie in einer luftdicht verschließbaren Dose kühl und trocken auf.

SÜSSER GEHT'S IMMER!

Die Frühstücksriegel sind kühl und trocken gelagert ca. drei Tage haltbar. Du kannst sie außerdem gut verpackt einfrieren.

Wenn du die Frühstücksriegel süßer haben möchtest, reduziere in Schritt 4 die gemischten Trockenfrüchte auf 130 g und füge noch zusätzlich 70 g getrocknete, entsteinte Datteln hinzu. Dann fahre wie oben im Rezept fort.

📏 20 Min. 🕐 1 Std. 20 Min. 🌶 einfach 🍴 16 Stück (Riegel)

📊 pro Stück: Energiewerte 742 kJ/177 kcal, Eiweiß 3 g, Kohlenhydrate 26 g, Fett 7 g, gesättigte Fettsäuren 4 g, Ballaststoffe 2 g

Bist du ein Verpackungskünstler?
Mit Butterbrotpapier und Bindfaden kannst du
richtig hübsche Snackpakete schnüren!

APFEL-MANGO-ANANAS-FRUCHTRIEGEL

ZUTATEN

- 160 g Cashewkerne
- 170 g Datteln, getrocknet, entsteint
- 50 g Ananas, getrocknet, in Stücken
- 50 g Apfelringe, getrocknet, in Stücken
- 50 g Mango, getrocknet, in Stücken (3 cm)
- 20 g Apfelsaft
- 4 Backoblaten (à 12 x 20 cm)

NÜTZLICHES ZUBEHÖR

Frischhaltefolie, Auflaufform (24 x 20 cm), luftdicht verschließbare Dose, Schneidbrett

ZUBEREITUNG

1. Gib die Cashewkerne und die Datteln in den Mixtopf und zerkleinere sie **30 Sek./Stufe 10**.
2. Gib die Ananas, die Apfelringe, die Mango und den Apfelsaft dazu und zerkleinere alles **1 Min./Stufe 7**.
3. Lege eine Auflaufform (24 x 20 cm, siehe Tipp) so mit Frischhaltefolie aus, dass noch genügend Folie zum Darüberschlagen dran ist. Gib die Fruchtmasse in die Auflaufform und drücke sie mit dem Rücken eines Esslöffels glatt. Klappe die Folie darüber und drück mit einem kleinen Brett oder einer Schüssel auf die Masse, bis sie gleichmäßig dick und glatt in der Auflaufform liegt.
4. Gib die Frischhaltefolie zur Seite, lege 2 rechteckige Backoblaten nebeneinander auf die Masse, stürze sie aus der Auflaufform, ziehe die Folie ab und lege zwei weitere Backoblaten auf die Fruchtmasse. Beschwere die Fruchtmasse mit einem Brett und der Auflaufform und lass sie ca. 1 Stunde trocknen. Schneide mit einem scharfen Messer 10 Riegel à 4 cm Breite. Du kannst die Riegel entweder sofort servieren, sie zum Mitnehmen in Butterbrotpapier verpacken oder in einer luftdicht verschließbaren Dose im Kühlschrank aufbewahren.

Pass die Auflaufform der Größe deiner Backoblaten an. Die Fruchtmasse sollte ca. 5–7 mm hoch sein.

Bewahre die Fruchtriegel in einer luftdicht verschließbaren Dose im Kühlschrank auf und verbrauche sie innerhalb einer Woche.

✎ 15 Min.　🕐 1 Std. 15 Min.　🌶 einfach　⚖ 24 Stück (Riegel)

📊 pro Stück: Energiewerte 297 kJ/71 kcal, Eiweiß 1 g, Kohlenhydrate 10 g, Fett 3 g, gesättigte Fettsäuren 1 g, Ballaststoffe 1 g

GRIESSKOCH MIT ORANGENFILETS

ZUTATEN

- 20 g Vollmilchschokolade oder Zartbitterkuvertüre
- 400 g Milch oder Mandeldrink
- 20 g Zucker (optional)
- 60 g Weichweizengrieß
- 1–2 TL Vanillezucker
- 1 Prise Salz
- 1 Bio-Orange
- Zimt, gemahlen, zum Bestreuen (siehe Tipp)

ZUBEREITUNG

1. Gib die Vollmilchschokolade oder Zartbitterkuvertüre in den Mixtopf und zerkleinere sie **3 Sek./Stufe 7**. Fülle die Schokolade in eine Schüssel um.
2. Gib die Milch, den Zucker (optional), den Grieß, den Vanillezucker und das Salz in den Mixtopf und vermische alles **5 Sek./Stufe 4**.
3. Koche **12 Min./95°C/Stufe 1**. Schäle währenddessen die Orange und filetiere sie. Richte das Grießkoch in tiefen Tellern an, garniere es mit Schokolade und Orangenfilets und serviere es mit Zimt bestreut.

- 10 Min.
- 20 Min.
- einfach
- 2 Portionen
- pro Portion:
  Energiewerte 1479 kJ/353 kcal
  Eiweiß 11 g, Kohlenhydrate 53 g,
  Fett 11 g, gesättigte Fettsäuren 6 g
  Ballaststoffe 4 g

Verwende in der Kinderernährung ausschließlich Ceylon-Zimt! Er ist zwar etwas teurer, hat aber wertvollere Inhaltsstoffe und enthält weniger Cumarin als der deutlich billigere Cassia-Zimt. Die tägliche Zufuhr an Cumarin soll 0,1 mg pro Kilogramm Körpergewicht nicht überschreiten. Deshalb lohnt es sich, auch darauf zu schauen!

KOKOSMILCHREIS
MIT GEBRATENEN BANANEN

ZUTATEN

- 500 g Milch oder Mandeldrink
- 150 g Kokosmilch
- 125 g weißer Rundkornreis (Milchreis)
- 1 Prise Salz
- 30 g Zucker
- 1–2 Bananen (je nach Größe)
- 1 Bio-Orange
- 1 EL Butter
- 2 EL Honig
- 1 EL Kokosflocken

NÜTZLICHES ZUBEHÖR

Pfanne, Zitruspresse

ZUBEREITUNG

1. Gib die Milch, die Kokosmilch, den Reis, das Salz und den Zucker in den Mixtopf und koche die Mischung **30 Min./95°C/◔/Stufe 2**. Schäle währenddessen die Bananen und schneide sie in Scheiben. Presse den Saft der Orange aus.
2. Gib 1 EL Butter in eine Pfanne und schmilz sie auf dem Herd. Brate die Bananenscheiben in der Butter an, träufle 2 EL Honig darüber und lösche mit dem Orangensaft ab. Lass alles kurz aufkochen und stell die Pfanne beiseite.
3. Verteile den Milchreis auf 4 Schüsseln, dekoriere ihn mit gebratenen Bananen, Orangensauce und Kokosflocken. Serviere den Kokosmilchreis lauwarm oder kalt.

✎ 10 Min.   ⏱ 35 Min.   🍴 einfach   🍽 4 Portionen

📊 pro Portion: Energiewerte 1786 kJ/427 kcal, Eiweiß 8 g, Kohlenhydrate 64 g, Fett 15 g, gesättigte Fettsäuren 5 g, Ballaststoffe 2 g

KNACK! CRUNCH!

MACH DIE MIXANDRA
Der Zauber beim Getreide ist die Vielfalt! Unser Körper freut sich, wenn er nicht nur Weizen bekommt, sondern auch Produkte aus anderen Getreidesorten. Das hält ihn fit und kann sogar verhindern, dass du Allergien entwickelst.

JETZT KOMMT KERNATOR
In jedem Kern und jedem Samen, egal von welcher Pflanze, steckt eine gehörige Portion Gesundheit. Und jeder einzelne hat noch eine eigene Superkraft. Sesam etwa ist eine Vitaminbombe. Kürbiskerne stärken Knochen und Muskeln und sind kleine Glücklichmacher. Sonnenblumenkerne haben eine heilende Wirkung, besonders auf die Haut, und Mohn kann sogar Schmerzen lindern. Jedenfalls machen sie dich allesamt kerngesund.

WHOOOM!

Sie sind klein und oft unscheinbar.
Doch in ihnen schlummern wahre
Superheldenkräfte! Deshalb haben wir Nüsse,
Kerne und Getreide einem eigenen
Superfood-Check unterzogen. Hier sind die
allerneuesten Erkenntnisse.

WERDE ZUM SCHLAUBI

Nüsse sind echte kleine Wunderdinger: Nicht nur, dass sie die Gefäße schützen, für guten
Schlaf sorgen, Cholesterinspiegel und Blutdruck senken – sie machen obendrein auch noch
richtig schlau! Hast du dir schon einmal eine Walnuss genau angesehen? Sie sieht aus wie
unser Gehirn – schlau, nicht? Außerdem helfen sie dabei, dass Schlaubi schlank bleibt.

SCHNELLES TRINKMÜSLI

Mandeln sind wahre Wunderwuzzis! Sie stecken voller gesunder Nährstoffe,
stärken das Immunsystem und liefern richtig viel Power für deinen
Tag. Also haben wir für dich eben ein feines Wunderwuzzi-Trinkmüsli daraus gezaubert.

ZUTATEN

- 50 g Mandeln, geschält oder ungeschält (siehe Tipp)
- 500 g Wasser
- 30 g Haferflocken
- 4–5 getrocknete Datteln, entsteint (nach gewünschter Süße)
- 20 g Kokosflocken
- 1 Banane, in Stücken
- 1 Apfel, entkernt, in Stücken
- 1 EL Zitronensaft
- 1 Prise Zimt, gemahlen

ZUBEREITUNG

1. Gib die Mandeln und das Wasser in den Mixtopf und püriere alles **1 Min./Stufe 10** zu einer Mandelmilch.
2. Gib die Haferflocken, die Datteln, die Kokosflocken, die Banane, den Apfel, den Zitronensaft und den Zimt dazu und püriere alles **1 Min./Stufe 10**. Fülle das schnelle Trinkmüsli in Gläser und serviere es sofort oder fülle es zum Mitnehmen in dichte Trinkbecher um.

SO GEHT'S RATZFATZ!

Dir wird am Morgen die Zeit zu kurz? Dieses Trinkmüsli ist schnell zubereitet. Du kannst es auch am Abend vorbereiten, in einen dichten Trinkbecher füllen und dein Frühstück auf dem Weg zur Schule oder zur Arbeit genießen.

Wenn es noch schneller gehen soll, kannst du auch 550 g fertig gekauften Mandeldrink, anstelle von Schritt 1, verwenden.

✐ 5 Min. 🕐 5 Min. ⬤ einfach 🍶 2 Gläser (à ca. 350 ml)

📊 pro Glas: Energiewerte 1588 kJ/379 kcal, Eiweiß 8 g, Kohlenhydrate 38 g, Fett 21 g, gesättigte Fettsäuren 7 g, Ballaststoffe 10 g

Du kannst die Mandeln über Nacht
in Wasser einweichen,
dann wird das Trinkmüsli
noch feiner.

HEISSE BANANE

Wenn deine Bananen in der Obstschale nachgereift sind, also kleine braune
Pünktchen auf der Schale sichtbar werden, dann ist auch die Zeit reif,
um im Handumdrehen das heißeste aller Bananenrezepte zu kredenzen …

ZUTATEN

- 1 Banane, sehr reif, geschält, in Scheiben
- 10 g Butter
- 400 g Milch oder Mandeldrink
- ½ TL Kurkuma, gemahlen

NÜTZLICHES ZUBEHÖR

Gläser

ZUBEREITUNG

1. Gib die Bananenscheiben und die Butter in den Mixtopf und brate sie **3 Min./120°C/Stufe ⚬**.
2. Gib die Milch und Kurkuma dazu und erhitze alles **3 Min./80°C/Stufe 1**.
3. Püriere alle Zutaten **30 Sek./Stufe 10**. Fülle die „Heiße Banane" in 2 Gläser und serviere sie sofort.

KLEINE MILCHMÄDCHENRECHNUNG

VARIATIONEN:

Du kannst nach dem Braten der Banane auch ein paar Stücke dunkle Schokolade in Schritt 2 in den Mixtopf zugeben, dann bekommst du eine "Heiße Schokobanane".

Anstelle von Kuhmilch oder Mandeldrink kannst du auch jeden anderen Pflanzendrink wie z.B. Hafer- oder Sojadrink verwenden. Für eine vegane Variante ersetzt du die Butter mit Kokosöl.

🖊 10 Min. 🕐 10 Min. 🍴 einfach 🥤 2 Gläser

📊 pro Glas: Energiewerte 900 kJ/215 kcal, Eiweiß 7 g, Kohlenhydrate 21 g, Fett 11 g, gesättigte Fettsäuren 7 g, Ballaststoffe 1 g

Pssst: Ich bin eine gepimpte "Heiße Banane"! Wenn du mir nämlich ein paar Stücke dunkle Schoko unterjubelst, jubeln am Ende deine Geschmacksknospen!
Eine "Heiße Banane", wie ich es bin, braucht eigentlich nur reife Bananen, um süß genug zu sein. Aber am besten probierst du selbst aus, was dir schmeckt!

BRATAPFELDRINK

Keine andere Zeit im Jahr verbinden wir so intensiv mit Gerüchen wie die Adventszeit.
Es duftet nach Zimt, nach Äpfeln und anderen winterlichen Aromen. Ein Erlebnis,
das wir mit dieser Rezeptur ganz einfach und spontan ins Glas zaubern können!

ZUTATEN

- 2 Bio-Äpfel mit roter Schale, geviertelt und entkernt
- 10 g Butter
- 1 EL Walnüsse, halbiert
- 50 g Apfelsaft
- 1 Prise Zimt, gemahlen
- 350 g Milch oder Mandeldrink

NÜTZLICHES ZUBEHÖR

Gläser

ZUBEREITUNG

1. Gib die Äpfel, die Butter und die Nüsse in den Mixtopf und brate sie **3 Min./120°C/Stufe** .
2. Gib den Apfelsaft und den Zimt dazu und koche alles **6 Min./95°C/Stufe 1**.
3. Gib die Milch oder den Mandeldrink dazu und erwärme sie oder ihn **3 Min./80°C/Stufe 1**.
4. Püriere alles **30 Sek./Stufe 10**. Fülle den Bratapfeldrink in 2 Gläser und genieße ihn warm.

Wenn es draußen kalt wird und der Winter naht, ist es Zeit für ein bisschen
Adventstimmung und Wärme von innen. Zudem duftet der Bratapfeldrink köstlich
und schmeckt herrlich nach Zimt.

10 Min.   15 Min.   einfach   2 Gläser

pro Glas: Energiewerte 1097 kJ/262 kcal, Eiweiß 7 g, Kohlenhydrate 26 g, Fett 14 g, gesättigte Fettsäuren 7 g, Ballaststoffe 3 g

GLUCK
GLUCK
GLUCK

EISKALTE VITAMIN-
BOMBE
Du willst richtig cool
sein? Das geht nur
von innen heraus.
Mit mir! (S. 44)

Manche Flüssigkeiten haben es wirklich in sich. Wir haben die
herrlichsten Kostbarkeiten aus dem Saftladen
herausgesucht und natürlich gleich noch geschmackstechnisch nach-
gewassert. Damit jeder auf seine Kost(en) kommt!

CASHEW-ERDBEERFLIP
Ich bin das Chamäleon unter den
Smoothies. Denn mich gibt's mit fast
allen frechen Früchtchen! (S. 42)

MANGO-LASSI
Ich bin nicht nur eine Vitaminbombe. Ich bin sogar
ein Eislutscher! (S. 40)

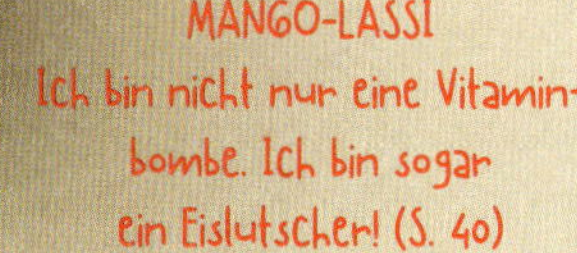

BRATAPFELDRINK
Ich bin der Duftstar
unter all den feinen
Drinks! (S. 36)

MANGO-LASSI

Ursprünglich stammt die Bezeichnung "Lassi" aus Indien und beschreibt ein Joghurtgetränk,
das Speisen ihre Schärfe nehmen soll. Für uns ist das Mango-Lassi heute
vor allem ein genussvoller Durstlöscher, der gleichzeitig richtig viel Power gibt.

ZUTATEN

- 500 g Mango (1 große Mango),
  reif, geschält, Fruchtfleisch in
  Stücken
- 350 g Naturjoghurt
- ½ Bio-Zitrone, Saft gepresst
- 50 g Milch (optional)

NÜTZLICHES ZUBEHÖR

Gläser

ZUBEREITUNG

1. Gib das Mangofruchtfleisch, den Naturjoghurt und den Zitronensaft in den
   Mixtopf und püriere alles **30 Sek./Stufe 10**.
2. Prüfe die Konsistenz und gib eventuell noch 50 g Milch dazu, mixe alles
   15 Sek./Stufe 10. Fülle das Mango-Lassi in 2 Gläser oder in eine
   verschließbare Flasche zum Mitnehmen. Besonders gut schmeckt das
   Mango-Lassi, wenn du es gekühlt servierst.

Du kannst das Mango-Lassi auch in Eislutscherformen gießen und einfrieren. Oder du gießt
das Lassi in einen Eiswürfelbehälter und frierst diesen ein. Dann bekommst du fruchtige
Eiswürfel. Diese kannst du dann im Thermomix® zu cremigem Mango-Lassi-Eis aufschlagen.

🔪 10 Min. 🕐 10 Min. 🌶 einfach 🥤 2 Gläser

📊 pro Glas: Energiewerte 1220 kJ/292 kcal, Eiweiß 8 g, Kohlenhydrate 42 g, Fett 9 g, gesättigte Fettsäuren 5 g, Ballaststoffe 4 g

Verwende besonders reife,
saftige Mangos, dann bin ich von
Natur aus süß!

CASHEW-ERDBEERFLIP

ZUTATEN

- 3 Butterkekse
- 40 g Cashewkerne
- 4 Medjool Datteln, entsteint
- 400 g Wasser
- 250 g Erdbeeren,
  gewaschen, entkelcht, halbiert
- 20–30 g Rohrohrzucker
- 10–20 g Zitronensaft
- 6 Eiswürfel

NÜTZLICHES ZUBEHÖR

Strohhalme, Gläser, Schüssel

ZUBEREITUNG

1. Gib die Butterkekse in den Mixtopf und zerkleinere sie **3 Sek./Stufe 5**. Fülle die Butterkeksbrösel in eine Schüssel um.
2. Gib die Cashewkerne, die Datteln und das Wasser in den Mixtopf und püriere alles **1 Min./Stufe 10**.
2. Gib die Erdbeeren, den Zucker und den Zitronensaft dazu und mixe **30 Sek./Stufe 10**. Gib in 3 Gläser je 2 Eiswürfel und gieße den Drink darüber. Dekoriere den Cashew-Erdbeerflip mit den Butterkeksbröseln und serviere ihn mit Strohhalmen.

✎ 10 Min.

🕐 10 Min.

🍴 einfach

🥤 3 Gläser

📊 pro Glas:
Energiewerte 729 kJ/174 kcal
Eiweiß 4 g, Kohlenhydrate 24 g,
Fett 7 g, gesättigte Fettsäuren 2 g
Ballaststoffe 3 g

Im Herbst und Winter kannst du auch Tiefkühlerdbeeren verwenden. Dann brauchst du keine Eiswürfel in den Drink geben.

VARIATIONEN:

Probiere das Rezept auch mit Himbeeren, Heidelbeeren, Banane oder deinem Lieblingsobst.

Anstelle der Eiswürfel kannst du auch eine Kugel Vanilleeis in den Cashew-Erdbeerflip geben.

EISKALTE VITAMINBOMBE

Es gibt manche Fruchtkombinationen, von denen kann man einfach nicht genug kriegen! Kiwi mit Zitrusfrüchten steht da ganz oben auf der Kostbarkeitenskala. Und wenn man diese frischen Früchtchen richtig kombiniert, wird's nicht nur köstlich, sondern auch richtig fresh!

ZUTATEN

- 4 Kiwis, reif, geschält, in Stücken
- 40 g Zitronensaft, frisch gepresst
- 12 Eiswürfel
- 4 Orangen, geschält, Fruchtfleisch in Stücken
- 6 Ananasscheiben, aus der Dose, in Stücken
- 400 g Wasser, kalt, oder Mineralwasser, still
- 40–60 g Honig

NÜTZLICHES ZUBEHÖR

Gläser

ZUBEREITUNG

1. Gib das Kiwifruchtfleisch und den Zitronensaft in den Mixtopf und püriere alles **20 Sek./Stufe 8**. Verteile das Kiwipüree auf 4 Gläser und lege je 3 Eiswürfel darauf.
2. Gib das Orangenfruchtfleisch, die Ananasstücke, das Wasser und den Honig in den Mixtopf und mixe alles **1 Min./Stufe 10**. Fülle die Gläser mit dem Drink auf und serviere die eiskalte Vitaminbombe mit Strohhalmen mit großer Öffnung.

ECHT COOL!

Du feierst deinen Geburtstag mit einer heißen Party? Die eiskalte Vitaminbombe kühlt und ist auch wunderbar an einem schönen Sommertag.

PS: Für die Party oder das Kinderfest kannst du problemlos die doppelte Menge im Mixtopf zubereiten.

15 Min.   15 Min.   einfach   4 Gläser à 300 ml

pro Glas: Energiewerte 859 kJ/205 kcal, Eiweiß 2 g, Kohlenhydrate 43 g, Fett 1 g, Ballaststoffe 6 g

APFEL-KAROTTEN-DINKELWECKERL

Der große Vorteil dieser teigigen Pralinen: Du kannst sie schon abends zuvor wunderbar vorbereiten, den Teig über Nacht im Kühlschrank rasten lassen, um am Morgen dann alle hungrigen Münder mit frisch gebackenen Weckerln zu wecken!

ZUTATEN

- 100g Dinkelkörner
- 100g Karotten, in Stücken
- 100g Äpfel, geschält, entkernt, in Stücken
- 150g Wasser, kalt
- 50g Orangensaft, frisch gepresst
- 50g Honig
- 5g frische Germ
- 400g Dinkelmehl, glatt, Type 700, etwas mehr zum Bemehlen
- 1½ TL Salz
- 30g Walnussöl, etwas mehr zum Einfetten
- Dinkelflocken, zum Bestreuen

NÜTZLICHES ZUBEHÖR

Kuchengitter, Geschirrtuch, Sprühflasche, Backpinsel, Schüssel mit Deckel, Teigkarte, Papier-Muffinförmchen, Muffinblech (12er)

ZUBEREITUNG

1. Gib die Dinkelkörner in den Mixtopf und mahle sie **1 Min./Stufe 10**. Klopfe sanft mit der Hand auf den Deckel, damit das Mehl nach unten fällt.
2. Gib die Karotten und die Äpfel dazu und zerkleinere sie **5 Sek./Stufe 4.5**.
3. Gib das Wasser, den Orangensaft, den Honig, die Germ, das Dinkelmehl, das Salz und das Öl dazu und knete alles **1 Min. 30 Sek./↩/Stufe 4**. Fülle den Teig in eine eingefettete Schüssel um, deck ihn mit einem Deckel oder mit Frischhaltefolie zu. Lass den Teig 30 Minuten bei Zimmertemperatur ruhen. Danach fasst du den Teig mit beiden Händen an einer Seite, ziehst ihn etwas hoch und dehnst ihn, dann faltest du ihn zur Mitte hin. Dies wiederholst du auf allen Seiten. Danach verschließt du die Schüssel wieder und lässt den Teig nochmals 30 Minuten ruhen (siehe Tipp). Stell die verschlossene Schüssel nach der Ruhezeit für 8–12 Stunden in den Kühlschrank.
4. Nach der Kühlzeit: Nimm den gereiften Teig aus dem Kühlschrank. Lege ein 12er-Muffinblech mit Muffin-Papierförmchen aus.
5. Gib den Teig auf eine bemehlte Arbeitsfläche, bemehle den Teig und stich mit der Teigkarte 12 gleich große Stücke (à ca. 80g) ab. Schleif die Stücke zu Kugeln und lege sie in die Förmchen. Decke die Teiglinge mit einem Geschirrtuch zu und lasse sie 30 Minuten ruhen. Heize in dieser Zeit den Backofen auf 250°C (Ober- und Unterhitze) vor.
6. Besprühe die aufgegangenen Weckerl mit Wasser und bestreue sie mit Dinkelflocken.
7. Schiebe die Weckerl in den gut aufgeheizten Ofen und backe sie 10 Minuten (250°C). Schalte den Backofen auf 200°C zurück und backe die Weckerl noch ca. 5 Minuten fertig. Lass die Apfel-Karotten-Dinkelweckerl auf einem Kuchengitter auskühlen, bevor du sie servierst.

✎ 30 Min.
🕐 10 Std. 30 Min.
👨‍🍳👨‍🍳 mittel
🍞 12 Stück
📊 pro Stück:
  Energiewerte 806 kJ/192 kcal,
  Eiweiß 6g, Kohlenhydrate 35g,
  Fett 3g, gesättigte Fettsäuren <1g
  Ballaststoffe 4g

GESUND & GUT!

Die Weckerl können auch auf Vorrat gebacken und gut in Gefrierbeutel verpackt eingefroren werden. Bei Bedarf gibst du die gefrorenen Weckerl auf den Backofenrost, schaltest den Backofen auf 200°C (Umluft) ein und bäckst die Weckerl ca. 8-10 Minuten auf.

Der niedrige Germanteil, die lange Reifezeit und die gesunden Zutaten machen diese Weckerl für Kinder gut verträglich. Sie sind schön weich und können auch von kleinen Kindern gut gegessen werden.

Befeuchte die Hände mit kaltem Wasser. Fass den Teig mit beiden Händen an der dir abgewandten Seite, dehne und falte ihn zur Mitte hin. Wiederhole das Dehnen und Falten von allen Seiten, es gibt dem Teig mehr Spannung.

Teile den Teig in 12 Stücke (à 80 g), schleife diese zu Kugeln und lege sie in die vorbereitete Form. Decke die Form zu und lass die Teiglinge 30 Minuten ruhen.

DINKELBROT

ZUTATEN

Vorteig
- 150 g Dinkelkörner
- 150 g Wasser, lauwarm
- 1 Stückchen frische Germ, erbsengroß (1 g)

Quellstück
- 2 TL Flohsamenschalen
- 2 TL Chiasamen
- 70 g Wasser, kalt

Hauptteig
- 130 g Wasser, kalt
- 30 g Zucker
- 10 g frische Germ
- 280 g Dinkelmehl, glatt, Type 700, etwas mehr zum Bemehlen
- 40 g Butter, weich, in Stücken, etwas mehr zum Einfetten
- 2 TL Salz (10–12 g)
- 2 TL Zitronensaft

NÜTZLICHES ZUBEHÖR

Einmachglas mit Deckel (ca. 0,75 l), Teigwanne mit Deckel (5 l), Kastenform, Kuchengitter, Sprühflasche, Geschirrtuch, Backpinsel

✐ 30 Min.

🕐 17 Std. 25 Min.

🍽🍽 mittel

🍞 16 Scheiben

📊 pro Scheibe:

    Energiewerte 532 kJ/127 kcal,

    Eiweiß 4 g, Kohlenhydrate 21 g,

    Fett 3 g, gesättigte Fettsäuren 1 g,

    Ballaststoffe 3 g

ZUBEREITUNG

Vorteig

1. Gib die Dinkelkörner in den Mixtopf und mahle sie **1 Min./Stufe 10**. Klopfe mit der Hand sanft auf den Deckel, damit das Mehl nach unten fällt. Schiebe das Dinkelmehl mit dem Spatel nach unten.
2. Gib das Wasser und die Germ dazu und vermische alles **15 Sek./Stufe 3**. Fülle den Vorteig in ein Glas um, decke es mit einem Deckel oder Frischhaltefolie zu und lass es 1 Stunde bei Zimmertemperatur ruhen. Dann gibst du den Vorteig für 8–12 Stunden in den Kühlschrank und lässt ihn reifen. Währenddessen im Rezept fortfahren.

Quellstück

3. Weiche 2 TL Flohsamenschalen und 2 TL Chiasamen in 70 g Wasser ein und vermische alles gut miteinander. Decke die Mischung zu und stell sie in den Kühlschrank, bis der Vorteig fertig ist.

Hauptteig

4. Gib das Wasser, den Zucker, die Germ und das Dinkelmehl in den Mixtopf, vermische alles **15 Sek./Stufe 3** und lass den Teig 20–30 Minuten im geschlossenen Mixtopf ruhen.
5. Gib den Vorteig, das Quellstück, die Butter, das Salz und den Zitronensaft dazu und knete alles **Teig/3 Min. 30 Sek.** Fette währenddessen eine Teigwanne und eine Kastenform mit Öl ein. Gib den Teig in die Teigwanne und lass ihn ca. 30 Minuten zugedeckt an einem warmen Ort aufgehen. Danach ziehst du den Teig mit nassen Händen an einer Seite etwas hoch und faltest ihn zur Mitte hin. Dies wiederholst du auf allen Seiten. Danach verschließt du die Teigwanne wieder und lässt den Teig nochmals 30 Minuten ruhen (siehe Tipp).
6. Gib den Teig auf eine bemehlte Arbeitsfläche, ziehe ihn zu einem Rechteck und rolle ihn dann zusammen. Lege ihn mit dem Schluss nach unten in die Kastenform, bemehle die Oberfläche, decke den Teig mit einem Geschirrtuch zu und lass ihn ca. 2 Stunden ruhen, bis der Teig sein Volumen verdoppelt hat. 30 Minuten vor Ende der Ruhezeit heizt du den Backofen auf 230 °C (Ober- und Unterhitze) vor.
7. Besprühe den aufgegangenen Teigling mit Wasser und backe ihn 10 Minuten (230 °C). Danach reduzierst du die Temperatur auf 200 °C und lässt das Dinkelbrot ca. 20 Minuten fertig backen. Lasse das Brot auf einem Kuchengitter etwas abkühlen, nimm es aus der Form und lass es dann vollständig auskühlen. Schneide das Dinkelbrot in Scheiben und serviere es.

Ziehe den Teig auf der bemehlten Arbeitsfläche etwas aus, so dass er etwa so lang ist wie die Form. Bemehle die Oberfläche etwas. Rolle den Teig ein, drehe ihn so, dass der Schluss unten ist und gib ihn in die vorbereitete Form.

Decke die Form mit einem Geschirrtuch zu und lass den Teigling ruhen, bis er sein Volumen verdoppelt hat.

Liebe geht durch den Magen.
Mit kleinen Keksausstechern kannst du aus deinen Broten hübsche Motive wie etwa Herzchen oder Sterne ausstechen. Das lässt jedes Kinderherz höher schlagen und: Du kannst die Rindenstücke jederzeit weiterverarbeiten – zu italienischem Brotsalat zum Beispiel (Rezept auf Cookidoo®).

DAS POWERBROT

Schon einmal von einem "Brühstück" gehört? Das ist eine Methode, um dem Brot richtig viel Power zu verleihen! Durch das Übergießen von Nüssen und Flocken mit heißem Wasser nehmen diese viel Wasser auf, sie quellen also. Dies hält das Brot länger frisch und macht es wunderbar saftig. Aber: Das musst du einfach selbst ausprobieren – und genießen!

ZUTATEN

Brühstück

- 50 g Kürbiskerne
- 40 g Walnüsse
- 40 g Haselnüsse
- 50 g Haferflocken
- 160 g Wasser, heiß

Hauptteig und Fertigstellung

- 80 g Karotten, in Stücken
- 260 g Wasser, kalt
- 1 Päckchen Trockengerm
- 10 g Sauerteig-Extrakt
- 300 g Weizenmehl, glatt, Type 700, etwas mehr zum Bemehlen
- 100 g Roggenmehl, Type 960
- 20 g Sesam
- 2 TL Salz
- 1–2 TL Brotgewürz
- 4 TL Flohsamenschalen

NÜTZLICHES ZUBEHÖR

Schüssel, feines Sieb, Frischhaltefolie oder Geschirrtuch, Teigkarte, Sprühflasche, Kuchengitter, Backformen aus Holz mit Papiereinlage (z. B. Panibois, 175 x 110 x 60 mm)

ZUBEREITUNG

Brühstück

1. Stell eine Schüssel auf den Mixtopfdeckel und wiege die Kürbiskerne, die Walnüsse, die Haselnüsse, die Haferflocken und das heiße Wasser in die Schüssel ein, verrühre alles gut und lass die Mischung mind. 1 Stunde zugedeckt quellen (siehe Tipp). Stell das Brühstück nach dem Abkühlen in den Kühlschrank, falls du es nicht gleich verwendest.

Hauptteig und Fertigstellung

2. Nach der Abkühlzeit: Gib die Karotten in den Mixtopf und zerkleinere sie **5 Sek./Stufe 5**. Schiebe sie mit dem Spatel nach unten.
3. Gib das kalte Wasser, die Trockengerm, den Sauerteig-Extrakt, das Weizen- sowie das Roggenmehl dazu und vermische alles **30 Sek./Stufe 5**.
4. Gib das Brühstück, den Sesam, das Salz, das Brotgewürz und die Flohsamenschalen dazu und knete alles **Teig/2 Min.** Lass den Teig 30 Minuten im verschlossenen Mixtopf ruhen.
5. Gib den Teig auf eine bemehlte Arbeitsfläche und teile ihn in 2 gleich große Stücke. Knete jedes Stück zu einer Kugel. Drücke die Teiglinge leicht flach und bemehle sie etwas. Schlage den Teig von einer Seite über die Mitte und dann von der gegenüberliegenden Seite ebenso. Rolle die Teiglinge noch etwas und gib sie mit dem Schluss nach oben in die Formen. Besiebe die Oberfläche nochmals mit Mehl und lass die Teiglinge zugedeckt an einem warmen Platz (22–24 °C) ca. 1½–2 Stunden aufgehen. Das Volumen soll sich verdoppeln. Heize inzwischen den Backofen mit einem Backofenrost (mittlere Schiene) auf 250 °C (Ober- und Unterhitze) vor.
6. Besprühe das aufgegangene Brot mit Wasser und backe es 10 Minuten (250 °C). Reduziere die Temperatur auf 200 °C und backe das Brot noch weitere 20 Minuten. Lass das Powerbrot auf einem Kuchengitter völlig abkühlen, bevor du es anschneidest und servierst.

✍ 20 Min. 🕐 4 Std. 20 Min. 🍴 einfach 🍞 2 Brote

📊 pro Brot: Energiewerte 5275 kJ/1262 kcal, Eiweiß 39 g, Kohlenhydrate 173 g, Fett 46 g, gesättigte Fettsäuren 6 g, Ballaststoffe 21 g

Du kannst das Brot auch im Ganzen in einer Kastenform backen. Die Backzeit verlängert sich dann auf ca. 45 Minuten.

Gib den Teig nach der Ruhezeit auf die bemehlte Arbeitsfläche und ziehe ihn zu einem Rechteck. Falte eine Seite zur Mitte und schlage die andere Seite darüber. Lege die Teiglinge so in die Formen, decke sie mit einem Geschirrtuch zu und lass sie an einem warmen Plätzchen aufgehen.

BUTTER WAR GESTERN

Thunfischaufstrich mit Avocado (S. 60)
Leckere Avocado
Kidneybohnenaufstrich (S. 58)
Paprika, gelb und rot
Karottenhüttenkäse (S. 64)
Oranger Aivar-Hummus (S. 62)
Radieschen und Kresse
Lieblingskombination:
Dinkelbrot +
Kidneybohnenaufstrich +
Gurken & Karottenstreifen

KIDNEYBOHNENAUFSTRICH

Dieser Aufstrich ist eine schöne und gesunde Abwechslung zum Wurstbrot-Einerlei in der Jausenbox. Er lässt sich gut vorbereiten und schmeckt köstlich zu unserem Powerbrot.

ZUTATEN

- 50 g Butter, weich, in Stücken
- 1 Dose Kidneybohnen (Abtropfgewicht ca. 260 g), gewaschen
- ½–1 TL Kreuzkümmel, gemahlen, nach Geschmack
- ½ TL Thymian, getrocknet
- ½ TL Salz
- 1 TL Tomatenmark
- 1 Prise Pfeffer, frisch gemahlen
- 40 g Röstzwiebeln

NÜTZLICHES ZUBEHÖR

luftdicht verschließbare Dose

ZUBEREITUNG

1. Gib die Butter in den Mixtopf und rühre sie **5 Sek./Stufe 4**.
2. Gib die abgetropften Kidneybohnen, den Kreuzkümmel, den Thymian, das Salz, das Tomatenmark und den Pfeffer dazu und zerkleinere alles **8 Sek./Stufe 6**. Schiebe die Zutaten mit dem Spatel nach unten.
3. Gib die Röstzwiebeln dazu und zerkleinere nochmals **5 Sek./Stufe 5**. Fülle den Kidneybohnenaufstrich in eine luftdicht verschließbare Dose und lass ihn mind. 1 Stunde durchziehen, bevor du ihn servierst.

Das ist ein schneller Aufstrich, der sich gut vorbereiten lässt. Du kannst ihn auch schon am Vortag machen und im Kühlschrank aufbewahren. Nimm ihn allerdings ca. 1 Stunde vor dem Servieren aus dem Kühlschrank, damit er seinen Geschmack entfalten kann.

 10 Min.

🕐 1 Std. 10 Min.

einfach

ganzes Rezept (ca. 370 g)

pro 100 g:
Energiewerte 795 kJ/190 kcal,
Eiweiß 7 g, Kohlenhydrate 13 g,
Fett 12 g, gesättigte Fettsäuren 7 g,
Ballaststoffe 7 g

THUNFISCHAUFSTRICH MIT AVOCADO

ZUTATEN

- ½ Bund Petersilie, Blättchen abgezupft
- 3 Essiggurkerl, in Stücken
- ½ reife Avocado, geschält, in Stücken
- 20 g Zwiebeln
- 110 g Thunfisch, aus der Dose, in Lake, abgetropft
- 175 g Frischkäse
- 30–40 g Mayonnaise
- 10 g Honig
- 1 Prise Salz
- 1 Prise Pfeffer, frisch gemahlen
- 1 Prise Majoran, getrocknet

ZUBEREITUNG

1. Gib die Petersilie in den Mixtopf und zerkleinere sie **3 Sek./Stufe 8**. Schiebe alles mit dem Spatel nach unten.
2. Gib die Essiggurkerl, die Avocado und die Zwiebeln dazu und zerkleinere alles **5 Sek./Stufe 5**.
3. Gib den abgetropften Thunfisch, den Frischkäse, die Mayonnaise, den Honig, das Salz, den Pfeffer und den Majoran dazu und vermische alles **20 Sek./Stufe 3.5** zu einem cremigen Aufstrich. Fülle den Thunfischaufstrich in eine Schüssel um und serviere ihn.

DREI GUTE TIPPS

Anstelle der Avocado kannst du auch 2 hartgekochte Eier verwenden. Halbiere diese und gib sie in Schritt 3 dazu.

Für besonders Scharfe: Du kannst auch 1 Messerspitze Chilipulver untermischen.

Der Aufstrich passt wunderbar, um Sandwiches für die Schuljause herzurichten. Für eine schnelle Nachmittagsjause ist er aber genauso geeignet.

🕐 10 Min.   ⏱ 10 Min.   einfach   ganzes Rezept ca. 430 g

pro 100 g: Energiewerte 1233 kJ/295 kcal, Eiweiß 11 g, Kohlenhydrate 4 g, Fett 27 g, gesättigte Fettsäuren 12 g, Ballaststoffe 1 g

Einfach Brot mit Aufstrich &
Gemüse auf den Tisch stellen, dann
kann jeder nehmen, wann er will!

ORANGEROTER AIVAR-HUMMUS

Wenn eine Jause nicht nur schnell geht, sondern auch noch gut schmeckt und gesund ist, dann hat man alles richtig gemacht. Und genau dafür haben wir dieses besonders simple, aber geschmacklich aufregende Rezept kreiert!

ZUTATEN

- 1 Dose Kichererbsen (Abtropfgewicht ca. 260 g), gewaschen
- 80 g Aivar (Paprika-Auberginenpaste)
- 30 g Tahin (Sesampaste, optional)
- 15 g Zitronensaft, frisch gepresst, etwas mehr zum Abschmecken
- 20 g Olivenöl
- 20 g Honig
- ½ TL Salz, etwas mehr zum Abschmecken
- ½ TL Kreuzkümmel, gemahlen
- ¼ TL Koriander, gemahlen
- ¼ TL Pfeffer, frisch gemahlen, etwas mehr zum Abschmecken

NÜTZLICHES ZUBEHÖR

luftdicht verschließbare Dose

ZUBEREITUNG

1. Gib die Kichererbsen, das Aivar, die Tahin (optional), den Zitronensaft, das Olivenöl, den Honig, das Salz, den Kreuzkümmel, den Koriander und den Pfeffer in den Mixtopf und zerkleinere die Zutaten **30 Sek./Stufe 5**.
2. Schiebe alles mit dem Spatel nach unten und püriere **10 Sek./Stufe 6**. Schmecke den orangeroten Hummus mit Salz, Pfeffer und Zitronensaft ab, fülle ihn in eine luftdicht verschließbare Dose und lass ihn im Kühlschrank mind. 1 Stunde durchziehen, bevor du ihn servierst.

Aivar oder auch Ajvar geschrieben stammt aus den Küchen des ehemaligen Jugoslawiens wie: Slowenien, Kroatien, Bosnien, Serbien und Mazedonien. Dort wo wir gerne auf Urlaub hinfahren, ist es schön warm, was dem roten Paprika richtig taugt. Die Menschen dort rösten und kochen diese roten Paprikaschoten zu der köstlichen Aivarpaste. Manchmal wird der Paprika auch mit Melanzani gemischt. Einfach köstlich.

15 Min.   1 Std. 15 Min.   einfach   ganzes Rezept (ca. 435 g)

pro 100 g: Energiewerte 821 kJ/197 kcal, Eiweiß 6 g, Kohlenhydrate 18 g, Fett 11 g, gesättigte Fettsäuren 1 g, Ballaststoffe 4 g

KAROTTENHÜTTENKÄSE

ZUTATEN

- 120 g Karotten, geschält, in Stücken
- 250 g Hüttenkäse
- ½ TL Salz
- ½ TL Currypulver, mild
- ½ TL Kurkuma, gemahlen
- ½ TL Honig
- 1 Prise Pfeffer, frisch gemahlen

ZUBEREITUNG

1. Gib die Karotten in den Mixtopf und zerkleinere sie **4 Sek./Stufe 6**.
2. Gib den Hüttenkäse, das Salz, das Currypulver, die Kurkuma, den Honig und den Pfeffer dazu und vermische alles **10 Sek./Stufe 3**. Fülle den Karottenhüttenkäse in eine Schüssel um und lass ihn im Kühlschrank mind. 30 Minuten durchziehen, bevor du ihn servierst.

✎ 10 Min. ⏱ 10 Min. 🍴 einfach 🥄 ganzes Rezept (ca. 390 g)

📊 pro 100 g: Energiewerte 328 kJ/78 kcal, Eiweiß 8 g, Kohlenhydrate 4 g, Fett 3 g, gesättigte Fettsäuren 2 g, Ballaststoffe 1 g

SCHOKONUSSAUFSTRICH

Eines gleich vorweg: Es gibt keinen besseren Schokoaufstrich als den selbst gemachten. Sagen die Thermomix®-Rezeptprofis. Und tischen dir nun ein Rezept auf, das jedem Schleckermäulchen ein Lächeln ins bald schokoverzierte Gesicht zaubert. Versprochen!

ZUTATEN

- 400 g Haselnüsse
- 200 g Macadamianüsse
- 150 g dunkle Schokolade, in Stücken
- 60 g Kokosöl
- 80 g Agavendicksaft
- 1 EL Vanillezucker, selbst gemacht
- 1 Prise Zimt, gemahlen

NÜTZLICHES ZUBEHÖR

Backblech, Backpapier,
Schraubgläser (à ca. 200 ml)

ZUBEREITUNG

1. Schalte den Backofen auf 150 °C (Umluft) ein und belege ein Backblech mit Backpapier.
2. Verteile die Haselnüsse und die Macadamianüsse gleichmäßig auf dem Backblech und röste sie unter Beobachtung 15–20 Minuten, bis sie duften. Ziehe danach das Backpapier mit den Nüssen vom Backblech und lass sie abkühlen, bis sie nur mehr lauwarm sind.
3. Gib die Nüsse und die Schokolade in den Mixtopf und zerkleinere alles **30 Sek./Stufe 10**. Schiebe alles mit dem Spatel nach unten.
4. Gib das Kokosöl, den Agavendicksaft, den Vanillezucker und den Zimt dazu und rühre alles **3 Min./Stufe 7** cremig.
5. Schiebe die Masse mit dem Spatel nach unten und mixe nochmals **1 Min./Stufe 6**. Rühre den Schokonussaufstrich mit dem Spatel gut durch, fülle ihn in 4 saubere Schraubgläser (à 200 ml), verschließe diese und lass den Aufstrich einige Tage im Kühlschrank durchziehen, bevor du ihn servierst.

NOMNOM SAGT

Der Schokonussaufstrich passt gut als Brotaufstrich, als Füllung für Palatschinken oder Waffeln – oder du löffelst ihn einfach so.

Anfangs ist der Aufstrich flüssiger, er wird mit der Zeit fester. Es kann sich oben auch eine Ölschicht bilden, das ist gut und hat eine konservierende Wirkung.

VARIATION:

Du kannst den Schokonussaufstrich auch zum Herstellen einer Trinkschokolade verwenden. Gib 250-300 g Milch (oder Mandeldrink) und 2-3 gehäufte TL Schokonussaufstrich in den Mixtopf und mixe 1 Min./Stufe 7. Du kannst die Milch danach auch 5 Min./70 °C/Stufe 1 erwärmen, dann bekommst du eine warme Trinkschokolade.

10 Min. · 1 Std. · einfach · 4 Schraubgläser à 200 ml

pro Schraubglas: Energiewerte 5564 kJ/1329 kcal, Eiweiß 21 g, Kohlenhydrate 45 g, Fett 121 g, gesättigte Fettsäuren 27 g, Ballaststoffe 24 g

ERDNUSSBUTTER

Streng genommen handelt es sich bei der Erdnuss nicht um eine Nuss sondern um eine Hülsenfrucht. Aber egal, das Superfood ist ein richtiges Powerpaket und reich an ungesättigten Fettsäuren und Ballaststoffen.

ZUTATEN

- 650 g Erdnüsse, ungesalzen, roh (siehe Tipp)
- 20 g Zucker
- ½ TL Salz
- 20 g Misopaste, hell

NÜTZLICHES ZUBEHÖR

Backblech, Backpapier, Schraubgläser (Fassungsvermögen à ca. 250 ml), Schüssel

ZUBEREITUNG

1. Heize den Backofen auf 150 °C (Umluft) vor und belege ein Backblech mit Backpapier.
2. Verteil die Erdnüsse gleichmäßig auf dem vorbereiteten Backblech und röste sie unter Beobachtung 15–20 Minuten, bis sie duften. Ziehe das Backpapier mit den gerösteten Erdnüssen vom Blech und lass sie auskühlen.
3. Gib 150 g geröstete Erdnüsse in den Mixtopf und hacke sie **4 Sek./Stufe 6**. Fülle die gehackten Erdnüsse in eine Schüssel um.
4. Gib die restlichen gerösteten Erdnüsse (ca. 500 g) in den Mixtopf und rühre sie **3 Min./Stufe 7** cremig. Schiebe alles mit dem Spatel nach unten.
5. Gib den Zucker, das Salz, die helle Misopaste und die zerkleinerten Erdnüsse dazu und mixe alles **30 Sek./⟲/Stufe 5**. Fülle die Erdnussbutter noch warm in 2 kleine Schraubgläser (Fassungsvermögen à ca. 250 ml) und bewahre sie kühl und trocken auf. Serviere die Erdnussbutter als Brotaufstrich.

✎ 10 Min.

🕐 1 Std.

🍴 einfach

🫙 2 Schraubgläser à 250 ml

📊 pro Schraubglas:
Energiewerte 2256 kJ/538 kcal,
Eiweiß 24 g, Kohlenhydrate 11 g,
Fett 45 g, gesättigte Fettsäuren 8 g,
Ballaststoffe 10 g

Ungeröstete, ungesalzene Erdnüsse erhältst du in Asia-Läden, gut sortierten Supermärkten oder Reformhäusern. Du kannst aber auch bereits geröstete, ungesalzene Erdnüsse verwenden, dann lässt du Schritt 1 + 2 einfach weg.

So lieben die Amerikaner ihre Erdnussbutter
besonders – in einem Sandwich
mit einem Klecks Marmelade oder Gelee.

EIERSPEIS TO GO

Weil unser Lama NomNom gerade nicht da ist, können wir das verraten: Wenn es einen
harten Tag vor sich hat, macht es sich immer ein groooßes Weckglas
voller Eierspeis. Weil: NUR das zaubert dem Lama ein zufriedenes Lächeln ins Gesicht.

ZUTATEN

- 80 g Gouda, in Stücken
- 15 g Öl
- 1 Frühlingszwiebel,
  in dünnen Ringen (2 mm)
- 8 Eier
- 1 TL Salz
- ¼ TL Kurkuma, gemahlen
- 1 Prise Pfeffer, frisch gemahlen
- 8 Cherrytomaten, halbiert
- 350 g Wasser

NÜTZLICHES ZUBEHÖR

Schüssel, 4 Bügelgläser (à 200 ml)

ZUBEREITUNG

1. Gib den Käse in den Mixtopf, zerkleinere ihn **3 Sek./Stufe 8** und fülle ihn in
   eine Schüssel um.
2. Gib das Öl und die Frühlingszwiebeln in den Mixtopf und dünste sie
   2 Min./120°C/Stufe 1.
3. Gib die aufgeschlagenen Eier, das Salz, die gemahlene Kurkuma und den
   Pfeffer dazu und vermische alles **5 Sek./↺/Stufe 5**. Fülle die Mischung bis
   2 cm unter den Rand in 4 Bügelgläser (à 200 ml), lege die Cherrytoma-
   tenhälften darauf und bestreue sie mit dem geriebenen Käse. Lege die
   Dichtungsgummis auf die Glasdeckel, verschließe die Gläser und stell sie in
   den Varoma-Behälter. Spüle den Mixtopf.
4. Gib das Wasser in den Mixtopf. Setze den Varoma auf, verschließe ihn und
   gare **20 Min./Varoma/Stufe 1**. Nimm den Varoma ab und hebe die Gläser
   vorsichtig aus dem Varoma. Genieße die „Eierspeis to go" warm oder kalt.

🕐 10 Min.
🕐 30 Min.
👨‍🍳 einfach
🍽 4 Portionen
📊 pro Portion:
   Energiewerte 1201 kJ/287 kcal,
   Eiweiß 20 g, Kohlenhydrate 3 g,
   Fett 22 g, gesättigte Fettsäuren 8 g,
   Ballaststoffe 1 g

Nach der Garzeit ist die Eierspeis weich. Sie zieht dann noch nach und wird fester. Wenn du
magst, kannst du die fertige Eierspeis mit Schnittlauchröllchen bestreuen.

VARIATION:

Genieße deine Eierspeis mit einem Spritzer Kernöl und ein paar Kürbiskernen.

Gerade keine Paradeiser in
der Gemüselade? Einfach eine rote
Paprikaschote verwenden.

KÄSE-OMELETTE MIT SPINAT

ZUTATEN

- 80 g Emmentaler Käse, in Stücken
- 2 Eier (Größe L)
- 4 Prisen Meersalz
- 4 Prisen schwarzer Pfeffer, gemahlen
- 40 g Weizenmehl, glatt
- 80 g Milch
- 2 Schalotten, halbiert
- 30 g Butter
- 200 g Babyspinat, frisch, gewaschen und abgetropft
- 2 Prisen Muskat, gemahlen (optional)
- 200 g Cherrytomaten, halbiert

NÜTZLICHES ZUBEHÖR

beschichtete Pfanne

ZUBEREITUNG

1. Gib den Käse in den Mixtopf und zerkleinere ihn **5 Sek./Stufe 8**. Nimm 2 EL Käse aus dem Mixtopf und gib ihn für die Dekoration beiseite.
2. Gib die Eier, 2 Prisen Salz, 2 Prisen Pfeffer, das Mehl und die Milch dazu und vermische alles **10 Sek./Stufe 4**. Fülle die Eiermischung in eine Schüssel um und stell sie beiseite. Spüle den Mixtopf.
3. Gib die Schalotten in den Mixtopf und zerkleinere sie **3 Sek./Stufe 5**. Schiebe alles mit dem Spatel nach unten.
4. Gib 10 g Butter dazu und dünste **2 Min./120°C/Stufe 1**.
5. Gib den Spinat, 2 Prisen Salz, 2 Prisen Pfeffer und die gemahlene Muskatnuss dazu und dünste alles **4 Min./100°C/↺/Stufe 1**.
6. Gib 140 g Cherrytomaten dazu und dünste sie **1 Min./100°C/↺/Stufe 1**.
7. Gib 10 g Butter in eine beschichtete Pfanne, erhitze diese auf dem Herd und backe mit der Hälfte der Eiermischung ein Omelette. Wende das Omelette und backe es auf der anderen Seite ebenfalls. Gib 10 g Butter in die Pfanne und backe das zweite Omelette ebenso.
8. Verteile die Füllung auf den Omelettes, falte sie in der Mitte zusammen und bestreue sie mit dem geriebenen Käse. Serviere die Omelettes mit den restlichen Cherrytomaten.

✐ 20 Min.   ⏱ 30 Min.   👤 einfach   🍽 2 Portionen

📊 pro Portion: Energiewerte 2218 kJ/529 kcal, Eiweiß 30 g, Kohlenhydrate 26 g, Fett 34 g, gesättigte Fettsäuren 18 g, Ballaststoffe 7 g

So ein herrliches Omelette ist das Richtige
für einen ausgedehnten Sonntagsbrunch.
Es macht dich lange satt und versorgt dich
mit hochwertigem Eiweiß!

TOPFENWAFFELN

ZUTATEN

- 80 g Butter, weich, in Stücken
- 80 g Feinkristallzucker
- 10 g Vanillezucker
- 3 Eier (Größe M)
- 1 Prise Salz
- 1 TL Zitronenschale, gerieben
- 250 g Topfen, 20 % Fett
- 150 g Weizenmehl, glatt
- 80 g Milch
- Rapsöl zum Einfetten
- Staubzucker zum Bestreuen

NÜTZLICHES ZUBEHÖR

Backpinsel, Waffeleisen

ZUBEREITUNG

1. **Setze den Rühraufsatz in den Mixtopf ein.** Gib die Butter, den Zucker, den Vanillezucker, die Eier, das Salz und die abgeriebene Zitronenschale in den Mixtopf und rühre alles **3 Min./Stufe 3.5**. Schiebe alles mit dem Spatel nach unten.
2. Gib den Topfen, das Mehl und die Milch dazu und vermische alles **15 Sek./Stufe 3.5**. Entferne den Rühraufsatz.
3. Heize das Waffeleisen auf und bestreiche es mit Öl. Gib den Teig portionsweise in das Waffeleisen (ca. 3 EL für ein Herz-Waffeleisen), schließe es und backe so nacheinander 6 Waffeln. Bestreue die gebackenen Waffeln mit Staubzucker und serviere sie heiß mit einer Füllung deiner Wahl.

◿ 25 Min.   🕐 30 Min.   🍴 einfach   🍽 6 Stück

📊 pro Stück: Energiewerte 1470 kJ/351 kcal, Eiweiß 12 g, Kohlenhydrate 36 g, Fett 18 g, gesättigte Fettsäuren 13 g, Ballaststoffe 1 g

ROTE GRÜTZE MIT WEICHSELN

ZUTATEN

- 1 Glas Weichseln mit Saft (680 g)
- 20 g Maisstärke
- 50 g Zucker (optional)
- ½ TL Zimt, gemahlen

ZUBEREITUNG

1. **Hänge den Gareinsatz in den Mixtopf ein**. Leere die Weichseln aus dem Glas in den Gareinsatz und lass sie abtropfen. Hebe den Gareinsatz mithilfe des Spatels heraus und stell ihn zur Seite.
2. Gib die Maisstärke, den Zucker (optional) und den Zimt zum Weichselsaft und koche alles **7 Min./100°C/Stufe 1**. Gib die abgetropften Weichseln dazu und vermische alles mit dem Spatel. Fülle die Rote Grütze mit Weichseln in kleine Schüsseln und lass sie abkühlen. Serviere die Rote Grütze als Beilage zu süßen Gerichten.

🖊 10 Min. 🕐 15 Min. 🍴 einfach 🍽 4 Portionen

📊 pro Portion: Energiewerte 907 kJ/217 kcal, Eiweiß 1 g, Kohlenhydrate 50 g, Ballaststoffe 1 g

KAKAOPANCAKES MIT HEISSEN HIMBEEREN

ZUTATEN

- 50 g Rapsöl,
  etwas mehr zum Backen
- 140 g Dinkelmehl, glatt
- 80 g Dinkelvollkornmehl
  oder Dinkelmehl, glatt
- 30 g Maisstärke
- 1½ TL Backpulver
- 20 g Kakaopulver
- 2 Eier
- 120 g Feinkristallzucker
- 1 Prise Salz
- 370 g Buttermilch
- 50 g Rapsöl, etwas mehr zum Backen
- 200 g Himbeeren
- Schlagobers, geschlagen,
  zum Servieren (optional)
- Schokosauce (optional, siehe Tipp)

NÜTZLICHES ZUBEHÖR

große beschichtete Bratpfanne,
Eisportionierer, Backpinsel, Schüssel,
Pfannenwender, Alufolie

ZUBEREITUNG

1. Gib das Dinkelmehl, das Vollkornmehl, die Stärke, das Backpulver und den Kakao in den Mixtopf, vermische alles **5 Sek./Stufe 4** und fülle es in eine Schüssel um.
2. **Setze den Rühraufsatz in den Mixtopf ein.** Gib die Eier, 70 g Zucker und das Salz in den Mixtopf und rühre **3 Min./Stufe 3.5**.
3. Gib die Buttermilch, das Öl und die Mehlmischung dazu und vermische alles **10 Sek./Stufe 4**. **Entferne den Rühraufsatz**, fülle den Teig in eine Schüssel um und lass ihn einige Minuten quellen. Spüle inzwischen den Mixtopf.
4. Gib die Himbeeren und 50 g Zucker in den Mixtopf und erwärme alles **2 Min./80°C/Stufe 1**. Erhitze währenddessen eine Bratpfanne auf dem Herd und streiche sie mit Öl aus.
5. Gib eine Portion Pancaketeig mithilfe eines Eisportionierers in die heiße Pfanne und gib je nach Größe der Pfanne 3–4 weitere Portionen hinein. Reduziere evt. die Hitze und backe die kleinen Pancakes langsam auf einer Seite. Wende die Pancakes mit einem Pfannenwender und lass sie auf der anderen Seite fertig backen. Backe auf diese Weise ca. 30 Pancakes, staple die gebackenen Pancakes übereinander und decke sie mit Alufolie zu, damit sie warm bleiben. Serviere die Kakaopancakes mit heißen Himbeeren und nach Wunsch mit geschlagenem Obers und Schokosauce.

Rezepte für Schokosauce und Schlagobers findest du auf Cookidoo®.

⏱ 35 Min.   🕐 40 Min.   ● einfach   🍴 30 Stück

📊 pro Stück: Energiewerte 466 kJ/111 kcal, Eiweiß 2 g, Kohlenhydrate 14 g, Fett 5 g, gesättigte Fettsäuren 3 g, Ballaststoffe 1 g

PALATSCHINKEN

Ob mit Marillenmarmelade, selbst gemachtem Schokonussaufstrich oder gar pikanter Füllung – die Palatschinke ist eine köstliche Hülle für viele Füllungen. Und obendrein eine, von der man nicht genug kriegen kann.

ZUTATEN

- 300 g Milch
- 4 Eier (Größe M)
- 100 g Mineralwasser
- 200 g Weizenmehl, glatt
- ½ TL Salz
- Butterschmalz zum Backen

NÜTZLICHES ZUBEHÖR

Pfannenwender, beschichtete Pfanne, Alufolie

ZUBEREITUNG

1. Gib die Milch, die Eier, das Mineralwasser, das Mehl und das Salz in den Mixtopf und verrühre alles **20 Sek./Stufe 4**. Lass den Teig 15 Minuten ruhen. Erwärme den Backofen auf 50 °C.
2. Erhitze eine Pfanne auf dem Herd, gib 1 TL Butterschmalz in die heiße Pfanne und lass es schmelzen. Gieße nun etwas Palatschinkenteig in die heiße Pfanne und schwenke sie, sodass sich der Teig über den gesamten Pfannenboden dünn verteilen kann. Backe den Teig auf der einen Seite hellbraun an, drehe ihn mit einem Pfannenwender um und backe ihn auf der anderen Seite fertig. Backe mit dem restlichen Teig weitere 9 Palatschinken. Gib bei Bedarf etwas Butterschmalz in die Pfanne. Staple die Palatschinken, decke sie mit Alufolie ab und halte sie im Backofen (50 °C) warm. Serviere die Palatschinken mit Marmelade oder einer anderen Füllung deiner Wahl.

IN MEINE PALATSCHINKE FÜLLE ICH …

Meistens ist die Pfanne nicht heiß genug, wenn du deine erste Palatschinke bäckst, oder sie wird zu dick. Palatschinken backen braucht definitiv etwas Übung.

📐 35 Min.   ⏱ 45 Min.   🍴🍴 mittel   🍞 10 Stück

📊 pro Stück: Energiewerte 578 kJ/138 kcal, Eiweiß 6 g, Kohlenhydrate 16 g, Fett 6 g, gesättigte Fettsäuren 3 g, Ballaststoffe 1 g

MINESTRONE MIT KICHERERBSEN

Diese kleinen Hülsenfrüchte sind die fröhlichen Alleskönner aus der arabischen Küche. Du kannst sie zu Hummus, Fladen, Salaten oder eben zu Suppe verarbeiten. Und obwohl ihr lustiger Name bloß vom lateinischen Wort "cicer" für "Erbse" herrührt, versprüht diese Erbse trotzdem gute Laune!

ZUTATEN

- 50 g Parmesan, in Stücken
- 3 Stängel Basilikum, frisch, Blättchen abgezupft
- 100 g Zwiebeln, halbiert
- 1 Knoblauchzehe, halbiert
- 120 g Tomaten, geviertelt
- 120 g rote Paprikaschoten, in Stücken
- 30 g Öl
- 150 g Kohlrabi, in Würfeln (1 cm)
- 100 g Erdäpfel, mehlig, in Würfeln (1 cm)
- 800 g Wasser
- 1 TL Salz
- ¼ TL Pfeffer, frisch gemahlen
- 3 TL Gewürzpaste für Gemüsebrühe, selbst gemacht
- 3 Zweiglein Thymian, frisch, Blättchen abgezupft
- 150 g Erbsen, tiefgekühlt
- 70 g Fadennudeln (Kochzeit 3 Minuten)
- 150 g Kichererbsen aus der Dose, abgetropft

ZUBEREITUNG

1. Gib den Parmesan und das Basilikum in den Mixtopf und zerkleinere alles **7 Sek./Stufe 7**. Fülle den Basilikumparmesan in eine Schüssel um.
2. Gib die Zwiebeln, den Knoblauch, die Tomaten, den Paprika und das Öl in den Mixtopf und zerkleinere alles **5 Sek./Stufe 5**.
3. Schiebe die Zutaten mit dem Spatel nach unten und dünste **5 Min./120°C/Stufe 1**.
4. Gib den Kohlrabi, die Erdäpfel, das Wasser, das Salz, den Pfeffer, die Gewürzpaste und den Thymian dazu und koche **15 Min./100°C/⟲/Stufe ◗**.
5. Gib die Erbsen, die Nudeln und die Kichererbsen dazu und koche weitere **3 Min./100°C/⟲/Stufe ◗**. Richte die Minestrone in tiefen Tellern an und serviere sie mit Basilikumparmesan.

- -

Wenn Suppe übrig bleibt, kannst du sie auch 1 Min./Stufe 10 im Thermomix® pürieren. Eventuell musst du noch etwas Wasser oder Schlagobers zugeben.

VARIATION

Diese Suppe kannst du z. B mit deinem Lieblingsgemüse zubereiten. Karfiol, Brokkoli oder Süßkartoffeln passen auch sehr gut.

GEMÜSEBRÜHE MIT MAULTASCHEN

Mit dieser schwäbischen Erfindung werden Eltern und Kinder gleichzeitig glücklich!
Sie ist kinderleicht zuzubereiten und schmeckt einfach großartig!

ZUTATEN

Nudelteig
- 2 Eier (Größe M)
- 1 EL Wasser
- 10 g Olivenöl
- 1 Prise Salz
- 200 g Weizenmehl, griffig, etwas mehr zum Bemehlen

Füllung und Fertigstellung
- 1–2 Knoblauchzehen, halbiert
- ½ Bund Petersilie, Blättchen abgezupft
- 300 g Faschiertes, gemischt (Rind und Schwein)
- 80 g Speckwürfel
- 150 g Blattspinatwürfel, TK, angetaut, in Stücken (2 cm)
- 1½ TL Salz
- 1 TL Majoran, getrocknet
- ¼ TL Muskatnuss, gemahlen
- ¼ TL Pfeffer, frisch gemahlen
- 1 Prise Piment, gemahlen
- 2 Eier (davon 1 Ei getrennt)
- 2½ l Wasser
- 5–6 TL Gewürzpaste für Gemüsebrühe, selbst gemacht, oder 2 Gemüsesuppenwürfel (für je 0,5 l)
- 1 Bund Suppengemüse, geschält, in Scheiben
- ½ Bund Schnittlauch, frisch, in Röllchen

NÜTZLICHES ZUBEHÖR

Frischhaltefolie, Nudelholz, Kochtopf, Schaumlöffel, Teigrädchen, Backpinsel

ZUBEREITUNG

Nudelteig

1. Gib die Eier, das Wasser, das Olivenöl, das Salz und das Mehl in den Mixtopf und knete **Teig ⚲/2 Min.** Gib den bröseligen Teig auf die bemehlte Arbeitsfläche, knete ihn mit den Händen gut durch und forme eine Kugel. Wickle diese in Frischhaltefolie und lass den Teig ca. 30 Minuten bei Zimmertemperatur ruhen.

Füllung und Fertigstellung

2. Gib den Knoblauch, die Petersilie, das Faschierte, den Speck, den Spinat, den ½ TL Salz, den Majoran, die Muskatnuss, den Pfeffer und das Piment in den Mixtopf und mixe alles **15 Sek./Stufe 5**. Schiebe die Zutaten mit dem Spatel nach unten.

3. Gib 1 Ei und 1 Eidotter dazu und knete **Teig ⚲/2 Min.** Stell währenddessen einen weiten Kochtopf mit 2½ l Wasser, 5–6 TL Gewürzpaste, 1 TL Salz und dem Suppengemüse auf den Herd und bringe die Gemüsebrühe zum Kochen.

4. Halbiere den Teig und wickle eine Hälfte wieder in die Folie. Rolle die andere Hälfte mit dem Nudelholz auf der bemehlten Arbeitsfläche sehr dünn aus (ca. 30 x 30 cm). Der Teig sollte so dünn sein, dass die Unterlage durchscheint. Schneide den Teig mit einem Teigrädchen in 4 ca. 15 cm große Quadrate und gib auf jedes Quadrat 2 EL der Füllung (ca. 80 g). Bepinsle die Ränder mit Eiklar und schlage die Quadrate zu Rechtecken zusammen. Drücke die Ränder gut fest und mache mit den Zinken einer Gabel ein schönes Muster in die Teigränder. Mit dem restlichen Teig und der Füllung verfährst du genauso.

5. Lass die Maultaschen in der leicht köchelnden Suppe ca. 10 Minuten gar ziehen. Zum Anrichten nimmst du die Maultaschen mit einem Schaumlöffel aus der Suppe, schneidest sie in 2 cm breite Streifen und gibst sie direkt in die Suppenteller. Schmecke die Suppe ab, übergieße die Maultaschen damit, gib das Gemüse dazu und bestreue sie mit Schnittlauch. Serviere die Suppe heiß.

📐 30 Min.   🕐 1 Std.   😋😋 mittel   🍽 4 Portionen   📊 pro Portion: Energiewerte 570 kJ/136 kcal, Eiweiß 2 g, Kohlenhydrate 7 g, Fett 11 g

"Das ist mein dritter Teller!"
Den musst du aber nicht aufessen! Übriggebliebene
Maultaschen können wir auch morgen einfach in
Butterschmalz rausbraten und mit deinem
Lieblingssalat servieren. Schmeckt herrlich!

Rolle den Teig auf einer leicht bemehlten
Arbeitsfläche mit dem Nudelholz sehr dünn aus.

Schneide den Teig in 4 Quadrate à 15 cm
Seitenlänge und gib die Füllung in die Mitte.
Achtung: nicht zu viel einfüllen! Bestreiche den
Teigrand mit Eiklar.

Nun klappst du den Teig über die Füllung und
drückst ihn mit den Zinken einer Gabel fest.
Da entsteht gleich ein schönes Muster.

HAFERFLOCKENSUPPE

Hast du gewusst, dass Hafer seine Widerstandskraft – er wächst an den kargsten Orten – an uns weitergibt? Er ist nicht nur glutenarm, sondern vor allem extrem nährstoffreich. Das macht ihn zu einer der gesündesten Getreidearten überhaupt!

ZUTATEN

- 80 g Zwiebeln, geviertelt
- 100 g Karotten, geschält, in Stücken
- 50 g Butter, in Stücken
- 70 g Haferflocken
- 1000 g Wasser
- 3 TL Gewürzpaste für Gemüsebrühe, selbst gemacht
- ½ TL Salz
- 1 Prise Pfeffer, frisch gemahlen
- 1 Ei, verquirlt
- 5 Stängel Petersilie, Blättchen abgezupft und gehackt

ZUBEREITUNG

1. Gib die Zwiebeln und die Karotten in den Mixtopf und zerkleinere sie **5 Sek./Stufe 5**. Schiebe alles mit dem Spatel nach unten.
2. Gib die Butter und die Haferflocken dazu und dünste alles **2 Min./120 °C/Stufe ◢**.
3. Gib das Wasser, die Gewürzpaste, das Salz und den Pfeffer dazu und koche die Suppe **15 Min./100 °C/Stufe 1**.
4. Gib das Ei dazu und vermische es **30 Sek./Stufe 3**. Dekoriere die Suppe mit der Petersilie und serviere sie.

◢ 5 Min.   🕐 20 Min.   🍳 einfach   🍽 4 Portionen

📊 pro 1 Portion: Energiewerte 813 kJ/194 kcal, Eiweiß 5 g, Kohlenhydrate 14 g, Fett 13 g, gesättigte Fettsäuren 7 g, Ballaststoffe 3 g

PIZZASUPPE

Wer hat Lust auf Urlaub im Mund? Dann ist unsere Pizzasuppe dein Erste-Klasse-Ticket nach Italien! Ihr Geschmack erinnert an Sommer, Sand und laue Abende. Er ist sogar besser als bei so manchem Pizzabäcker. Aber: Bitte nicht mit den Händen essen ;-)

ZUTATEN

- 30 g Parmesan, in Stücken
- 160 g rote Zwiebeln, geviertelt
- 1 Knoblauchzehe, halbiert
- 40 g Öl
- 200 g rote Paprikaschoten, in groben Stücken
- 300 g Faschiertes (vom Rind)
- 1 Dose Mais (Abtropfgewicht ca. 250 g)
- 100 g frische Champignons, geputzt und geviertelt
- 500 g Wasser
- ½ TL Salz
- 1 Prise Pfeffer, frisch gemahlen
- 3 TL Gewürzpaste für Gemüsebrühe, selbst gemacht
- 130 g passierte Tomaten oder Tomatensauce
- 100 g Schlagobers
- 175 g Schmelzkäse (z. B. Rupp Feinster Streich mit Bergkäse)
- ½ TL Oregano, getrocknet
- ½ TL Thymian, getrocknet

ZUBEREITUNG

1. Gib den Parmesan in den Mixtopf und zerkleinere ihn **8 Sek./Stufe 8**. Fülle den zerkleinerten Parmesan in eine Schüssel um.
2. Gib die Zwiebeln, den Knoblauch, 20 g Öl und den Paprika in den Mixtopf und zerkleinere alle Zutaten **5 Sek./Stufe 5**.
3. Schiebe alles mit dem Spatel nach unten und dünste **5 Min./120°C/Stufe ◢**. Fülle die Zutaten in eine Schüssel um.
4. Gib 20 g Öl und das Faschierte in den Mixtopf und brate es **5 Min./120°C/◓/Stufe ◢**. Gib währenddessen den Mais in den Gareinsatz. Wasche ihn und lass ihn abtropfen.
5. Gib die Champignons, den abgetropften Mais, das Wasser, das Salz, den Pfeffer und die Gewürzpaste dazu und koche **20 Min./100°C/◓/Stufe 1**.
6. Gib das gedünstete Gemüse, die passierten Tomaten, den Schlagobers, den Schmelzkäse, den Oregano und den Thymian dazu und koche **10 Min./100°C/◓/Stufe 1**. Serviere die Pizzasuppe mit geriebenem Parmesan.

Party! Wenn viele hungrige Partygäste zu bewirten sind, dann ist diese Suppe der Renner. Sie lässt sich sehr gut vorbereiten und aufgewärmt schmeckt sie sogar doppelt so gut.

✐ 20 Min. ⏱ 50 Min. ♨ einfach 🍽 6 Portionen

📊 pro 1 Portion: Energiewerte 1619 kJ/386 kcal, Eiweiß 18 g, Kohlenhydrate 11 g, Fett 30 g, gesättigte Fettsäuren 14 g, Ballaststoffe 4 g

NUSSFISCH

Fisch versorgt uns mit hochwertigem Eiweiß und gesunden Fetten. Und mit diesem Rezept kommt er nun in einer köstlich knusprigen Panade gleich öfter auf den Tisch.

ZUTATEN

- 70 g Haselnüsse
- 70 g Semmelwürfel
- ½ Bund Petersilie, Blättchen abgezupft
- 2 Eier (Größe M)
- 1 EL Milch
- ½ TL Salz, etwas mehr für den Fisch
- 1 Prise Pfeffer, frisch gemahlen
- 400–500 g frische Fischfilets (z. B. Kabeljau, Wels, Saibling)
- 2 EL Limettensaft
- 1–2 EL Maisstärke zum Wenden
- 300 g Butterschmalz oder Frittierfett

ZUBEREITUNG

1. Gib 30 g Haselnüsse in den Mixtopf, hacke sie **4 Sek./Stufe 7** und fülle sie in einen tiefen Teller um.
2. Gib die Semmelwürfel, 40 g Haselnüsse und die Petersilienblätter in den Mixtopf, zerkleinere **10 Sek./Stufe 8** und fülle alles zu den gehackten Haselnüssen um. Vermische die Zutaten gut und stell sie zur Seite.
3. Gib die Eier, die Milch, ½ TL Salz und den Pfeffer in den Mixtopf und mixe **5 Sek./Stufe 5**. Fülle alles in einen tiefen Teller und stell diesen zur Seite.
4. Spüle die Fischfilets unter kaltem Wasser ab, tupfe sie mit Küchenpapier trocken, untersuche sie auf Gräten und entferne diese gegebenenfalls mit einer Pinzette. Schneide die Fischfilets in 2 cm breite Streifen, beträufle sie mit Limettensaft, salze sie beidseitig leicht und wende sie in der Maisstärke.
5. Erhitze das Butterschmalz oder Frittierfett in einer tiefen Pfanne. Ziehe die Fischstücke durch die Eiermischung, wende sie dann in der Nussmischung und frittiere sie portionsweise im heißen Fett knusprig. Lass den Nussfisch auf Küchenpapier abtropfen und serviere ihn mit einer Beilage deiner Wahl.

ACHTUNG, ALLERGIKER

Manche Menschen reagieren allergisch auf Haselnüsse. Diese können aber leicht durch Mandeln ersetzt werden.

Zum Nussfisch passt das Erdäpfel-Sellerie-Püree (siehe Seite 154) ausgezeichnet. Bereite es nach Schritt 3 zu. Während es kocht, kannst du den Fisch vorbereiten.

VARIATION:w

Du kannst den Nussfisch auch mit jedem anderen festfleischigen Fisch zubereiten. Gut eignen sich einheimische Fischarten, wie z. B. Saibling, Wels oder Karpfen.

BACKFISCH

Dieser köstliche Backteig wird eigentlich mit Bier gemacht. Für die Kinderküche haben wir das Bier aber natürlich gegen gesundes Wasser getauscht. Deine Kinder werden den Backfisch aber trotzdem lieben!

ZUTATEN

- 2 Eier (Größe M)
- 1¼ TL Salz, etwas mehr für den Fisch
- 200 g Wasser, kalt (oder Eiswasser)
- 1 TL Paprikapulver, edelsüß
- ¼ TL Pfeffer, frisch gemahlen
- 200 g Weizenmehl, glatt
- ½ TL Backpulver
- 300–400 g Fischfilets (z. B. Kabeljau)
- 300 g Butterschmalz oder Frittierfett
- Limettensaft zum Beträufeln
- 1–2 EL Maisstärke

NÜTZLICHES ZUBEHÖR

Küchenrolle, Pinzette, tiefe Pfanne

ZUBEREITUNG

1. **Setze den Rühraufsatz in den fettfreien Mixtopf ein**. Trenne die Eier in Eiklar und Eidotter. Gib das Eiklar und ¼ TL Salz in den Mixtopf und schlage es **3 Min./Stufe 3.5** steif. Entferne den Rühraufsatz, fülle den Eischnee in eine große Schüssel um und stell ihn in den Kühlschrank.

2. **Setze den Rühraufsatz wieder in den Mixtopf ein**. Gib die Eidotter, das Wasser, das Paprikapulver, 1 TL Salz und den Pfeffer in den Mixtopf und vermische alles **10 Sek./Stufe 4**.

3. Gib das Mehl und das Backpulver dazu und vermische alles **10 Sek./Stufe 3.5**.

4. Gib den Eischnee dazu und mische **3 Sek./Stufe 4**. Entferne den Rühraufsatz und fülle den Backteig in eine Schüssel um.

5. Wasche die Fischfilets und tupfe sie mit Küchenpapier trocken. Entferne gegebenenfalls verbliebene Gräten mit einer Pinzette und schneide die Filets in mundgerechte Stücke. Erhitze eine tiefe Bratpfanne mit Butterschmalz auf dem Herd. Beträufle die Fischstücke mit Limettensaft, salze sie beidseitig und wende sie in Maisstärke. Ziehe die Fischstücke durch den Backteig und backe sie portionsweise im heißen Fett goldbraun. Lass den Fisch auf Küchenpapier abtropfen und serviere ihn sofort.

- -

Zum Backfisch passen traditionell Erdäpfelsalat oder Petersilienerdäpfel und natürlich auch selbst gemachte Pommes oder unsere Polentasticks (siehe Seite 150).

VARIATION:

Der Backteig kann mit Kräutern (Oregano, Thymian) oder Chili gewürzt werden, das gibt dem Gericht eine ganz neue Note.

ABER BITTE GRÄTENFREI!

✎ 30 Min.   ⏱ 40 Min.   ♨ einfach   🍴 4 Portionen

📊 pro 1 Portion: Energiewerte 1587 kJ/380 kcal, Eiweiß 14 g, Kohlenhydrate 39 g, Fett 14 g, gesättigte Fettsäuren 7 g, Ballaststoffe 2 g

FISCHFILET IN CREMIGER LAUCHSAUCE

ZUTATEN

- 500 g frische Fischfilets (z. B. Forelle, Saibling, Kabeljau), ohne Haut
- ½ TL Salz, etwas mehr für den Fisch und zum Abschmecken
- etwas Pfeffer, frisch gemahlen
- 20 g Zitronensaft, etwas mehr zum Beträufeln und Abschmecken
- 4 Zweiglein Thymian, frisch
- 1 Lauchstange, gewaschen
- 70 g Zwiebeln, halbiert
- 20 g Öl
- 300 g Wasser
- 2 TL Gewürzpaste für Gemüsebrühe, selbst gemacht
- 150 g Schlagobers

NÜTZLICHES ZUBEHÖR

Pinzette, Backpapier

ZUBEREITUNG

1. Schneide die Fischfilets in 3–4 cm breite Stücke und entferne eventuell vorhandene Gräten mit der Pinzette. Salze und pfeffere den Fisch auf beiden Seiten und beträufle ihn mit Zitronensaft. Mache aus Backpapier 4 Schiffchen (siehe Tipp), verteile die Fischfilets auf die Schiffchen. Lege einen Thymianzweig darauf und verschließe sie, indem du die Enden eindrehst. Gib die Schiffchen in den Varoma-Behälter und -Einlegeboden und verschließe den Varoma. Schneide den Lauch in 4 cm lange Stücke und diese dann in sehr feine Streifen.
2. Gib die Zwiebeln in den Mixtopf, zerkleinere sie **5 Sek./Stufe 5** und schiebe sie mit dem Spatel nach unten.
3. Gib das Öl und ¾ der Lauchstreifen dazu und dünste alles **3 Min./120°C/ /Stufe 1**.
4. Gib das Wasser, ½ TL Salz und die Gewürzpaste dazu. Setze den Varoma auf und gare **15 Min./Varoma/ /Stufe **. Stell den Varoma verschlossen beiseite.
5. Gib das Schlagobers und den Zitronensaft dazu und püriere die Sauce **30 Sek./Stufe 10**.
6. Schmecke die Sauce mit Salz und Zitronensaft ab und koche sie nochmals **2 Min./100°C/Stufe **. Gib die Sauce auf die Teller, richte den Fisch darauf an und garniere ihn mit den restlichen Lauchstreifen. Serviere die Fischfilets in cremiger Lauchsauce sofort.

CREMA! CREMA!

Als Beilagen passen Reis oder Petersilienerdäpfel hervorragend. Bereite den Reis auf dem Herd zu, während der Fisch im Varoma gart. Erdäpfel kannst du schon vor dem Starten des Rezepts zum Kochen hinstellen.

30 Min.   45 Min.   einfach   4 Portionen

pro 1 Portion: Energiewerte 1582 kJ/378 kcal, Eiweiß 28 g, Kohlenhydrate 5 g, Fett 28 g, gesättigte Fettsäuren 11 g, Ballaststoffe 2 g

Ein Schiff wird kommen – aber nur,
wenn ihr Backpapier zu Hause habt!

Und so geht's: Zerknülle einen Bogen Backpapier, streife ihn wieder glatt,
nimm die beiden Ecken auf jeder Seite zusammen und
verdrehe sie wie bei einem Zuckerl. Nun erhältst du ein Schiffchen, das du
befüllen kannst. Danach legst du das Backpapier über
die Fülle und drehst die Enden nochmals fest. In diesem Schiffchen bleibt
Dampfgegartes wunderbar saftig und der Saft geht
außerdem nicht verloren.

FISCHGULASCH

Eines gleich vorweg: Wenn es um Beilagen geht, sind wir mit unserem Fischerlatein definitiv noch lange nicht am Ende. Denn: Dieses feine Fischgulasch kannst du mit Salzerdäpfeln, Nudeln, Püree, Reis oder allen anderen Beilagen deiner Wahl servieren. Hauptsache, es schmeckt!

ZUTATEN

- 3 Stängel frische Petersilie, Blättchen abgezupft
- 150 g Zwiebeln, halbiert
- 1–2 Knoblauchzehen, halbiert
- 100 g rote Paprika, in Stücken
- 25 g Butter
- 1 EL Paprikapulver, edelsüß
- 1 TL Paprikapulver, rosenscharf
- 500 g Fischfilets, frisch oder aufgetaut (z. B. Saibling, Zander, Kabeljau)
- 1 EL Zitronensaft
- 300 g Wasser
- 1 EL Maisstärke, mit 1–2 EL Wasser verrührt
- ½ TL Salz, etwas mehr für den Fisch
- ¼ TL Pfeffer, frisch gemahlen
- 1 TL Zitronensalzpaste, selbst gemacht (siehe Tipp)
- 2 TL Gewürzpaste für Gemüsebrühe, selbst gemacht
- 1 Lorbeerblatt, getrocknet
- 100 g Schlagobers
- 2 EL Sauerrahm

NÜTZLICHES ZUBEHÖR

Pinzette

ZUBEREITUNG

1. Gib die Petersilie in den Mixtopf, zerkleinere sie **3 Sek./Stufe 8** und fülle sie in eine kleine Schüssel um.
2. Gib die Zwiebeln, den Knoblauch und den Paprika in den Mixtopf, zerkleinere sie **4 Sek./Stufe 5** und schiebe alles mit dem Spatel nach unten.
3. Gib die Butter, das edelsüße und das rosenscharfe Paprikapulver dazu und dünste alles **5 Min./120°C/Stufe 1**. Schneide währenddessen die Fischfilets in ca. 3 cm große Stücke und entferne eventuell vorhandene Gräten mit einer Pinzette. Beträufle die Fischstücke mit Zitronensaft und salze sie leicht. Gib den Fisch in den Gareinsatz.
4. Gib das Wasser, die aufgelöste Stärke, ½ TL Salz, ¼ TL Pfeffer, die Zitronensalzpaste, die Gewürzpaste und das Lorbeerblatt dazu, setze den Gareinsatz ein und gare alles **10 Min./Varoma/Stufe 1**. Nimm den Gareinsatz mithilfe des Spatels aus dem Mixtopf und stell ihn beiseite. Entferne das Lorbeerblatt.
5. Gib das Schlagobers in den Mixtopf zu und püriere **20 Sek./Stufe 5–8** schrittweise ansteigend.
6. Gib den gegarten Fisch in die heiße Sauce im Mixtopf und lass ihn 5 Minuten ziehen. Schmecke das Gulasch ab, richte es in tiefen Tellern an und garniere es mit Sauerrahm und gehackter Petersilie. Serviere das Fischgulasch heiß.

Zitronensalzpaste ist eine tolle Möglichkeit, um Zitronen haltbar zu machen, und kann überall eingesetzt werden, wo Zitronenschale und/oder -saft und eine Prise Salz verwendet werden. Das Rezept dafür findest du auf Cookidoo®. 1 TL Zitronensalzpaste ersetzt du durch 1 TL Zitronensaft, 1 TL Zitronenabrieb und 1 Prise Salz.

25 Min.   40 Min.   einfach   4 Portionen

pro 1 Portion: Energiewerte 1140 kJ/273 kcal, Eiweiß 24 g, Kohlenhydrate 7 g, Fett 17 g, gesättigte Fettsäuren 8 g, Ballaststoffe 2 g

FRITTIERTE HÜHNERNUGGETS

Hat irgendjemand behauptet, Cornflakes seien nur fürs Frühstück gut? Von wegen – wir wissen,
wie herrlich sie schmecken, wenn Hendlfleisch drinnen steckt. Wie du
das schnell und einfach hinkriegst, haben wir für dich hochwissenschaftlich erforscht …

ZUTATEN

- 350 g Hendlbrustfilets, ohne Haut
- 80 g Cornflakes, ungesüßt
- 80 g Semmelwürfel
- 50 g Milch und 1 EL für die Eimischung
- 2 Eier (Größe M)
- 1 TL Salz
- ½ TL Paprikapulver, edelsüß
- ¼ TL Knoblauch, granuliert
- ¼ TL Pfeffer, frisch gemahlen
- 300 g Frittierfett

NÜTZLICHES ZUBEHÖR

Bratpfanne, Küchenpapier

ZUBEREITUNG

1. Wasche die Hendlbrustfilets und tupfe sie mit einem Küchenpapier trocken. Schneide das Fleisch in mundgerechte Stücke.
2. Gib die Cornflakes in den Mixtopf und zerkleinere sie **3 Sek./Stufe 5**. Fülle die Cornflakes in eine Schüssel um.
3. Gib die Hendlstücke, die Semmelwürfel, die Milch, 1 Ei, das Salz, das Paprikapulver, den Knoblauch und den Pfeffer in den Mixtopf und zerkleinere alles **15 Sek./Stufe 7**. Fülle den Fleischteig in eine Schüssel um. Nun stich mit einem Esslöffel Stücke ab und forme diese zu unregelmäßigen Nuggets.
4. Gib 1 Ei, ¼ TL Salz und 1 EL Milch in eine Schüssel und versprudle alles fest mit einer Gabel. Drücke die Nuggets etwas flacher, ziehe sie durch die Eimischung und paniere sie in den Cornflakes.
5. Erhitze eine tiefe Bratpfanne mit Frittierfett auf dem Herd. Backe die panierten Hühnernuggets portionsweise auf beiden Seiten im heißen Fett. Lass die Hühnernuggets auf Küchenpapier abtropfen und serviere sie sofort.

Diese Hühnernuggets aus natürlichen Zutaten sind blitzschnell gemacht.
Du und deine Kinder werden sie lieben! Mach das Rezept für die Kinderparty sicherheitshalber gleich zweimal und servier dazu Erdäpfelwedges aus dem Backofen. Und: Bloß nicht aufs Ketchup vergessen!

30 Min.   30 Min.   einfach   4 Portionen

pro 1 Portion: Energiewerte 1525 kJ/364 kcal, Eiweiß 29 g, Kohlenhydrate 28 g, Fett 15 g, gesättigte Fettsäuren 6 g, Ballaststoffe 2 g

BACKOFEN-NUGGETS

Eines versprechen wir dir: Wer von diesem Rezept einmal genascht hat, will von diesen
Fast-Food-Lokalen, deren Namen uns schon wieder nicht einfallen wollen,
garantiert nichts mehr wissen. Also: Ab geht die Kinderparty, die Kinderparty geht ab!

ZUTATEN

- 350 g Hendlbustfilets, ohne Haut
- 120 g Cornflakes, ungesüßt
- 150 g Naturjoghurt
- ½ TL Salz
- ½ TL Paprikapulver, edelsüß
- ¼ TL Currypulver, mild
- 1 TL Honig

NÜTZLICHES ZUBEHÖR

Backblech, Backpapier, Küchenpapier

ZUBEREITUNG

1. Heize den Backofen auf 200 °C (Umluft) vor. Belege ein Backblech mit Backpapier.
2. Wasche die Hendlbrustfilets und tupfe sie mit Küchenpapier trocken. Schneide das Fleisch in mundgerechte Stücke.
3. Gib die Cornflakes in den Mixtopf und zerkleinere sie **4 Sek./Stufe 5**. Fülle sie in eine Schüssel um.
4. Gib das Joghurt, das Salz, das Paprikapulver, das Currypulver und den Honig in den Mixtopf und mische alles **10 Sek./Stufe 3.5**. Fülle die Joghurtmarinade in eine Schüssel um.
5. Ziehe die Hendlstücke durch die Joghurtmarinade und wälze sie danach in den zerkleinerten Cornflakes. Lege die Nuggets auf das vorbereitete Backblech und backe sie 20–25 Minuten (200 °C, Umluft) goldbraun. Serviere die Backofen-Nuggets heiß.

KLEINER TIPP:

Serviere die Nuggets mit gebackenen Süßkartoffeln! Dazu schälst du 2 große Süßkartoffeln, schneidest sie in fingerdicke Stücke, vermischst sie mit 2 EL Öl und platzierst sie auf einem mit Backpapier belegtem Backblech. Backe die Süßkartoffeln bei 220° C (Umluft), bis sie braune Spitzen haben und durchgegart sind (ca. 20-25 Minuten).

GROSSER TIPP:

Du kannst beide Backbleche gleichzeitig in den Backofen (2. und 4. Schiene) schieben! Eventuell musst du nach der halben Backzeit die Plätze tauschen, damit die Süßkartoffeln und die Hühnerstücke gleichmäßig durchgaren können. So kannst du auf jeden Fall alle hungrigen Kindergaumen glücklich machen.

15 Min. • 45 Min. • einfach • 4 Portionen

pro 1 Portion: Energiewerte 963 kJ/230 kcal, Eiweiß 25 g, Kohlenhydrate 26 g, Fett 3 g, gesättigte Fettsäuren 1 g, Ballaststoffe 1 g

Dieses Geschirr wird garantiert nicht
kaputt - und ihr könnt es spielerisch
schon vor dem Kinderfest vorbereiten:
Einfach Geschenktüten aus Papier
kaufen, mit einer Zackenschere die
Tüte ungefähr 7 Zentimeter über dem
Boden abschneiden, und schon ist die
Partyschale fertig.

HUHN SÜSS-SAUER MIT BASMATIREIS

ZUTATEN

- 200 g Basmatireis
- 1400 g Wasser
- 1 TL Salz, etwas mehr für das Hendl
- 1 TL Gewürzpaste für Gemüsebrühe, selbst gemacht
- 150 g Karotten, geschält
- 150 g Zucchini
- 100 g rote Paprikaschote
- 100 g gelbe Paprikaschote
- 350–400 g Hendlbrustfilets, ohne Haut
- 3 EL Maisstärke
- 4–5 Ananasscheiben, aus der Dose
- 70 g Rohrohrzucker
- 70 g Apfelessig
- 50 g Ketchup
- 100 g Ananassaft aus der Dose
- 20 g Sojasauce
- 10 g Limettensaft
- 1 Ei (Größe M)
- 1 EL Milch
- Öl zum Braten

NÜTZLICHES ZUBEHÖR

Bratpfanne, Küchenpapier, Schüssel

ZUBEREITUNG

1. Hänge den Gareinsatz in den Mixtopf ein und wiege den Basmatireis ein. Nimm den Gareinsatz mithilfe des Spatels heraus und wasche den Basmatireis unter fließendem Wasser und lass ihn abtropfen.
2. Gib das Wasser, das Salz und die Gewürzpaste in den Mixtopf, hänge den Gareinsatz mit dem gewaschenen Reis ein und lass alles **6 Min./Varoma/Stufe 2** aufkochen. Schneide währenddessen die Karotten in dünne Stifte (ca. 3 cm) und verteile sie im Varoma-Behälter. Setze den Varoma-Einlegeboden ein. Schneide die Zucchini, die rote und die gelbe Paprikaschote in mundgerechte Stücke (ca. 2 cm) und verteile das Gemüse im Einlegeboden.
3. Setze den Varoma auf, verschließe ihn und gare alles **15 Min./Varoma/Stufe 2**. Heize währenddessen den Backofen auf 80 °C (Ober- und Unterhitze) vor. Schneide die Hendlbrustfilets in mundgerechte Stücke, salze sie und wende sie in 2 EL Maisstärke. Schneide die Ananasscheiben ebenfalls in mundgerechte Stücke und hebe den Ananassaft für die Sauce auf. Nimm den Varoma ab und fülle das Gemüse in eine Schüssel um. Hebe den Gareinsatz mithilfe des Spatels aus dem Mixtopf, fülle den Reis in eine Schüssel um und halte alles im Backofen warm. Mixtopf leeren.
4. Gib den Zucker, den Essig, das Ketchup, den Ananassaft, die Sojasauce und den Limettensaft in den Mixtopf und koche alles ohne Messbecher **10 Min./Varoma/Stufe 1** ein. Versprudle währenddessen 1 Ei mit 1 EL Milch. Erhitze eine Bratpfanne auf dem Herd, ziehe die Hendlstücke durch das Ei und backe sie in wenig Öl portionsweise langsam heraus (ca. 2–3 Minuten). Lass sie auf Küchenpapier abtropfen.
5. Verrühre 1 EL Maisstärke mit 1–2 EL Wasser. Gib die aufgelöste Maisstärke, das gegarte Gemüse und die Ananasstücke in die Sauce, vermische alles mit dem Spatel und lass es **2 Min./100 °C/↺/Stufe 1** aufkochen. Schmecke die Sauce ab.
6. Gib die Hendlstücke dazu und hebe sie mit dem Spatel unter. Lass alles 5 Minuten bei geschlossenem Mixtopfdeckel ziehen. Verteile den Reis auf 4 Schüsseln und richte das Hendlfleisch mit Gemüse und süß-saurer Sauce darauf an.

🖊 40 Min. 🕐 50 Min. 🌶 einfach 🍴 4 Portionen

📊 pro 1 Portion: Energiewerte 2297 kJ/549 kcal, Eiweiß 30 g, Kohlenhydrate 85 g, Fett 8 g, gesättigte Fettsäuren 1 g, Ballaststoffe 5 g

HENDLGULASCH MIT PILZEN

Wer diese geheime Gulaschrechnung nicht kennt, sollte sie sich gleich hinter die Ohren schreiben:
Hochwertiges Hendlfleisch + frische Schwammerl = höchster Genuss.
Kaum eine andere Kombination sorgt für derartige Glücksmomente wie diese!

ZUTATEN

- 100 g Zwiebeln, geviertelt
- 2 Knoblauchzehen, halbiert
- 20 g Öl, etwas mehr zum Braten
- 400 g Hendlbrustfilets, ohne Haut
- 1 TL Paprikapulver, edelsüß
- 2–3 TL Gewürzpaste für Gemüsebrühe, selbst gemacht, oder 1 Gemüsesuppenwürfel (für 0,5 l)
- 15 g Dijonsenf
- 20 g Paradeismark
- 300 g Fisolen, tiefgekühlt, in Stücken
- 150 g Wasser
- 5 Stängel Petersilie, Blättchen abgezupft
- 300–400 g Pilze, frisch (siehe Tipp)
- etwas Salz
- 150 g Schlagobers

NÜTZLICHES ZUBEHÖR

Pfanne

ZUBEREITUNG

1. Gib die Zwiebeln und den Knoblauch in den Mixtopf und zerkleinere alles **4 Sek./Stufe 5**. Schiebe die Zutaten mit dem Spatel nach unten.
2. Gib das Öl dazu und brate **5 Min./120°C/ /Stufe **. Schneide währenddessen die Hendlbrustfilets in mundgerechte Stücke.
3. Gib die Hendlstücke, das Paprikapulver, die Gewürzpaste, den Senf, das Paradeismark, die Fisolen und das Wasser dazu und koche **15 Min./100°C/ /Stufe **. Hacke währenddessen die Petersilie. Putze und viertle die Pilze, brate sie in einer Pfanne auf dem Herd in etwas Öl an und salze sie leicht.
4. Gib die gebratenen Pilze, das Schlagobers und die gehackte Petersilie dazu und mische alles mit dem Spatel. Schmecke das Hendlgulasch ab und serviere es sofort.

- -

Besonders fein machen sich Eierschwammerl in dem Gericht. Du kannst aber auch braune Champignons, Kräuterseitlinge, Shiitakepilze oder Steinpilze verwenden. Reinige die Pilze gründlich mit einer kleinen Bürste, du kannst sie auch kurz waschen. Tupfe die Pilze dann mit Küchenpapier ab.

Und das kannst du zum Hendlgulasch servieren: Nockerl, Bandnudeln, Reis, gekochte Erdäpfel, Brot oder Gebäck.

Wenn du keine Fisolen magst, kannst du sie durch Erdäpfelwürfel (1 cm) ersetzen.

✎ 25 Min. ⏱ 35 Min. ✿ einfach 🍴 4 Portionen

📊 pro 1 Portion: Energiewerte 1561 kJ/373 kcal, Eiweiß 29 g, Kohlenhydrate 7 g, Fett 26 g, gesättigte Fettsäuren 8 g, Ballaststoffe 8 g

HENDL-RIGATONI "ALL IN ONE"

Das genussvolle Geheimnis dieser feinen Rigatoni ist in ihrer Form zu finden:
Der Hohlraum der Pasta-Röllchen wird nämlich beim Servieren zur heimlichen Schatzkammer für
besonders viel von unserer herrlichen Hendl-Sauce! Aber: Nicht weitererzählen!

ZUTATEN

- 50 g Parmesan
- 2 Zweiglein Basilikum, frisch, Blättchen abgezupft
- 100 g Zwiebeln, geviertelt
- 2 Knoblauchzehen, halbiert
- 20 g Rapsöl
- 1 rote Paprikaschote, in groben Stücken
- 400 g stückige Tomaten, aus der Dose
- 300 g Hendlbrustfilets, ohne Haut, in Stücken (2 x 2 cm)
- 200 g Nudeln (Rigatoni oder Penne Rigate, Kochzeit 12–14 Minuten)
- 100 g braune Champignons, geputzt und in Scheiben
- 1 EL Kräuter der Provence, getrocknet
- 500 g Wasser
- 1 TL Salz, etwas mehr zum Abschmecken
- 4 TL Gewürzpaste für Hühnerbrühe, selbst gemacht, oder 4 TL Gewürzpaste für Gemüsebrühe, selbst gemacht
- Pfeffer, frisch gemahlen zum Abschmecken

NÜTZLICHES ZUBEHÖR

Schüssel

ZUBEREITUNG

1. Gib den Parmesan und das Basilikum in den Mixtopf und zerkleinere **10 Sek./Stufe 8**. Fülle den Basilikumparmesan in eine Schüssel um.
2. Gib die Zwiebeln und den Knoblauch in den Mixtopf und zerkleinere **4 Sek./Stufe 5**.
3. Gib das Öl und den Paprika dazu und zerkleinere alles **3 Sek./Stufe 4**. Schiebe die Zutaten mit dem Spatel nach unten.
4. Gib die stückigen Tomaten, das Hendlfleisch, die Nudeln, die Champignons, die Kräuter, das Wasser, das Salz und die Gewürzpaste dazu, vermische alles gut mit dem Spatel und koche **15 Min./100°C/⟲/Stufe ⌓**.
5. Überprüfe, ob die Nudeln al dente gekocht sind, ansonsten kochst du sie noch weitere **2 Min./100°C/⟲/Stufe ⌓**.
6. Schmecke die Hendl-Rigatoni mit Salz und Pfeffer ab und richte sie in tiefen Tellern an. Bestreue sie mit dem Basilikumparmesan und serviere sie sofort.

- -

Wenn du die Hendl-Rigatoni nicht gleich servierst, koche sie nicht zu weich, denn sie ziehen in der heißen Sauce noch nach.

Du kannst auch andere Nudeln verwenden (z.B. Penne). Aber vergiss nicht, die Kochzeit den Angaben auf der Packung anzupassen.

🕑 20 Min. 🕐 40 Min. 🍴 einfach 🍽 4 Portionen

📊 pro 1 Portion: Energiewerte 1709 kJ/408 kcal, Eiweiß 32 g, Kohlenhydrate 42 g, Fett 12 g, gesättigte Fettsäuren 4 g, Ballaststoffe 7 g

ÜBERBACKENES RISIBISI MIT SCHWEINEFLEISCH

ZUTATEN

- 2 TL Salz
- ½ TL Paprikapulver, edelsüß
- 4 TL Rapsöl
- 3 Prisen Pfeffer, frisch gemahlen
- 350–400 g Schweinslungenbraten
- 100–120 g Käse (z. B. Cheddar oder Bergkäse), in Stücken
- 70 g Zwiebeln, halbiert
- 30 g Butter, in Stücken
- 250 g Risottoreis Arborio
- 700 g Wasser, heiß, aus dem Wasserhahn
- 2 TL Gewürzpaste, selbst gemacht, oder 1 Gemüsesuppenwürfel (für 0,5 l)
- 200–250 g Erbsen, tiefgekühlt

NÜTZLICHES ZUBEHÖR

Auflaufform (24 x 20 cm), Schüssel

ZUBEREITUNG

1. Verrühre 1 TL Salz, das Paprikapulver, das Öl und 2 Prisen Pfeffer in einer Schüssel. Schneide das Fleisch zunächst in 1 cm dicke Scheiben und danach in 1 cm breite Streifen. Vermische das Fleisch mit der Marinade.
2. Gib den Käse in den Mixtopf, zerkleinere ihn **4 Sek./Stufe 8** und fülle ihn in eine Schüssel um.
3. Gib die Zwiebeln in den Mixtopf und zerkleinere sie **5 Sek./Stufe 5**. Schiebe sie mit dem Spatel nach unten.
4. Gib die Butter und den Reis dazu und dünste alles **5 Min./120°C/⟳/Stufe ⌇**.
5. Gib 400 g heißes Wasser, 1 TL Salz, die Gewürzpaste und 1 Prise Pfeffer dazu und koche alles **5 Min./100°C/⟳/Stufe ⌇**. Verteile währenddessen das marinierte Fleisch im Varoma-Behälter und achte darauf, dass genügend Schlitze für den Dampfdurchtritt frei bleiben.
6. Gib 300 g heißes Wasser in den Mixtopf zu und rühre einmal mit dem Spatel über den Mixtopfboden. Setze den Varoma-Behälter auf, setze den Varoma-Einlegeboden ein und wiege die Erbsen ein. Verschließe den Varoma und gare alles **13 Min./Varoma/⟳/Stufe ⌇**. Heize währenddessen den Backofen auf 220°C (Ober- und Unterhitze) vor. Nimm den Varoma ab und fülle die Erbsen und das Fleisch in eine große Schüssel um. Gib den gegarten Reis zu Fleisch und Erbsen in die Schüssel und vermische alles gut mit dem Spatel.
7. Gib die Mischung in eine Auflaufform und bestreue sie mit dem geriebenen Käse. Überbacke das Risibisi ca. 12 Minuten (220°C) und serviere es heiß.

- -

Genieße das Risibisi mit einem frischen grünen Salat mit Kernöldressing oder einem Gurkensalat mit Sauerrahm.

VARIATION:
Anstelle von Schweinefleisch kannst du auch Hendlfilets verwenden. Reduziere dann aber das Paprikapulver auf 1/4 TL.

✎ 25 Min.   ⏱ 50 Min.   ♨ einfach   🍽 4 Portionen oder 6 Portionen für kleine Risibisi-Tiger

📊 pro 1 Portion: Energiewerte 2617 kJ/626 kcal, Eiweiß 34 g, Kohlenhydrate 57 g, Fett 29 g, gesättigte Fettsäuren 13 g, Ballaststoffe 4 g

RINDSRAGOUT MIT ERDÄPFEL-KAROTTEN-PÜREE

ZUTATEN

- 700 g Erdäpfel, mehlig, geschält, in Stücken (1,5 cm)
- 300 g Karotten, in Stücken (1,5 cm)
- 2 Knoblauchzehen, halbiert
- 100 g Zwiebeln, geviertelt
- 30 g Olivenöl
- 400 g stückige Tomaten, aus der Dose
- 1 Lorbeerblatt, getrocknet
- 400 g Beiried (siehe Tipp), in Stücken (2,5 cm)
- 100 g Wasser
- 1 Rindsuppenwürfel (für 0,5 l), zerbröselt, oder 1 geh. TL Gewürzpaste für Rindsuppe
- 1 Prise schwarzer Pfeffer, gemahlen
- 10 g Butter
- 100 g Milch
- 1 TL Salz
- 1 Prise Muskat, gemahlen
- Petersilienblätter, grob gehackt, zur Dekoration

NÜTZLICHES ZUBEHÖR

Schüssel

ZUBEREITUNG

1. Stell den Varoma-Behälter auf den Mixtopfdeckel und wiege die Erdäpfelstücke ein. Setze den Varoma-Einlegeboden ein und wiege die Karotten ein. Verschließe den Varoma und stell ihn beiseite.
2. Gib den Knoblauch, die Zwiebeln und das Olivenöl in den Mixtopf und zerkleinere die Zutaten **5 Sek./Stufe 5**. Schiebe alles mit dem Spatel nach unten.
3. Gib die Tomaten und das Lorbeerblatt dazu und dünste alles **5 Min./120°C/Stufe 1**.
4. Gib das Rindfleisch, das Wasser, den Rindsuppenwürfel und den Pfeffer dazu, stell den verschlossenen Varoma auf den Mixtopf und gare alles **30 Min./Varoma/◐/Stufe 1**. Stell den Varoma beiseite. Fülle das Rindsragout in eine Schüssel um und halte es warm. Spüle den Mixtopf.
5. Gib die gedämpften Karotten in den Mixtopf und zerkleinere sie **5 Sek./Stufe 4.5**. Fülle die Karotten in eine Schüssel um und stell sie beiseite.
6. **Setze den Rühraufsatz ein**. Gib die gedämpften Erdäpfel, die Butter, die Milch, das Salz und die gemahlene Muskatnuss in den Mixtopf und mixe alles **40 Sek./Stufe 3**. Entferne den Rühraufsatz. Fülle das Püree in die Schüssel zu den Karotten und vermische beides mit dem Spatel. Dekoriere das Rindfleisch mit gehackter Petersilie und serviere es mit dem Erdäpfel-Karotten-Püree.

- - - - - - - - - - - - - - - - - - - -

Welches Stück vom Rind? Die Garzeit des Rindfleischs hängt vom gewählten Stück ab. Wenn du Beiried verwendest, kochst du das Rezept wie angegeben. Sehr gut ist auch mageres Meisel, dann allerdings musst du die Kochzeit in Schritt 4 um 15 Minuten verlängern. Erhöhe dabei die Wassermenge in Schritt 4 auf 200 g.

◿ 25 Min. ⏱ 50 Min. ♨ einfach 🍽 4 Portionen

📊 pro 1 Portion: Energiewerte 1695 kJ/404 kcal, Eiweiß 28 g, Kohlenhydrate 37 g, Fett 15 g, gesättigte Fettsäuren 4 g, Ballaststoffe 9 g

FLEISCHBÄLLCHEN AUF SCHWEDISCHE ART (KÖTTBULLAR)

Eigentlich werden die typischen schwedischen Fleischbällchen aus Elchfleisch gemacht.
Weil bei uns aber keine Elche herumlaufen, haben wir eben einen Blick über den
Tellerrand gewagt – und für unsere besonderen Köttbullar auf Rindfleisch zurückgegriffen :-)

ZUTATEN

- 80 g Zwiebeln, halbiert
- 1 Knoblauchzehe, halbiert
- 3 Stängel Petersilie, Blättchen abgezupft
- 30 g Olivenöl
- 500 g Faschiertes (vom Rind)
- 50 g Semmelbrösel, etwas mehr zum Wälzen
- 1 Ei (Größe M)
- ½ TL Salz
- 1 Prise Muskatnuss, gemahlen
- 1 Prise Piment, gemahlen
- 1 Prise Pfeffer, frisch gemahlen
- 20 g Butter
- 20 g Weizenmehl, glatt
- 250 g Wasser
- 200 g Schlagobers
- 2 TL Gewürzpaste für Gemüsebrühe, selbst gemacht, oder 1 Gemüsesuppenwürfel (für 0,5 l)
- 20 g Worcestersauce
- 2 TL Dijonsenf
- 2–3 EL Butterschmalz
- Preiselbeerkompott zum Servieren

NÜTZLICHES ZUBEHÖR

Küchenzange, Pfanne

ZUBEREITUNG

1. Gib die Zwiebeln, den Knoblauch und die Petersilie in den Mixtopf und zerkleinere alles **5 Sek./Stufe 5**. Schiebe die Zutaten mit dem Spatel nach unten.
2. Gib das Öl dazu und dünste alles **5 Min./120°C/Stufe 1**.
3. Gib das Faschierte, die Semmelbrösel, das Ei, das Salz, die Muskatnuss, das Piment und den Pfeffer dazu und mische alles **30 Sek./↺/Stufe 3**. Fülle den Fleischteig in eine Schüssel um und spüle den Mixtopf.
4. Gib die Butter und das Mehl in den Mixtopf und erhitze es **5 Min./120°C/Stufe ∢**. Forme währenddessen aus dem Fleischteig 20 kleine Fleischbällchen zu je 35 g (Ø 4–5 cm) und wälze sie in Semmelbröseln.
5. Gib das Wasser, das Schlagobers, die Gewürzpaste, die Worcestersauce und den Dijonsenf dazu und koche die Sauce **10 Min./98°C/Stufe 1**. Erhitze währenddessen das Butterschmalz in einer Bratpfanne und brate die Fleischbällchen bei mittlerer Hitze von allen Seiten langsam an. Verwende zum Wenden eine Küchenzange. Gib die Sauce aus dem Mixtopf über die Fleischbällchen in die Pfanne und lass sie auf dem Herd noch 1–2 Minuten köcheln. Serviere die Fleischbällchen mit Preiselbeerkompott und einer Beilage deiner Wahl (siehe Tipp).

- -

Serviere die Fleischbällchen mit Salzkartoffeln oder Erdäpfelpüree.
Es passen aber auch Spätzle, Gnocchi oder Bandnudeln dazu.

✎ 20 Min.   ⏱ 40 Min.   ♨ einfach   🍽 4 Portionen

📊 pro 1 Portion: Energiewerte 1709 kJ/408 kcal, Eiweiß 32 g, Kohlenhydrate 42 g, Fett 12 g, gesättigte Fettsäuren 4 g, Ballaststoffe 7 g

ITALIENISCHER NUDELSALAT TO GO

Heute geht's raus in die große weite Welt? Schulausflug oder Wandertag?
Für solche Abenteuereinsätze haben wir die perfekte Powerbox zusammengestellt:
voll mit herrlichem italienischen Nudelsalat. Der gibt Kraft und schmeckt!

ZUTATEN

- 1500 g Wasser
- 2½ TL Salz
- 250 g Cocktailtomaten
- 125 g Mini-Mozzarella
- 5 Zweiglein Basilikum, frisch, Blättchen abgezupft
- 250 g Nudeln (z. B. Hörnchen, Farfalle oder kurze Makkaroni)
- 50 g Olivenöl
- 25 g Balsamico-Essig
- 30 g Orangensaft, frisch gepresst
- 10 g Senf
- ½ TL Zucker
- 2 Prisen Pfeffer, frisch gemahlen

NÜTZLICHES ZUBEHÖR

Schraubgläser (à ca. 400 ml), große Salatschüssel

ZUBEREITUNG

1. Gib das Wasser und 1½ TL Salz in den Mixtopf und koche es **11 Min./100°C/Stufe 1** auf. Währenddessen wasche und halbiere 250 g Cocktailtomaten. Lass 125 g Mini-Mozzarellakugeln abtropfen und halbiere sie. Wasche 5 Zweiglein Basilikum, schüttle sie trocken und schneide die Blätter in Streifen. Gib alles in eine große Salatschüssel und stell sie beiseite.
2. Gib die Nudeln durch die Deckelöffnung (Achtung, heiß!) in den Mixtopf, stell den Varoma-Behälter als Überkochschutz auf den Mixtopfdeckel und koche die Nudeln **Zeit gemäß Packungsangabe/100°C/↺/Stufe 1** bissfest (al dente).
3. Überprüfe, ob die Nudeln al dente gekocht sind, ansonsten kochst du sie noch weitere **2 Min./100°C/↺/Stufe ⬋**. Gieße die gekochten Nudeln durch den Varoma-Behälter ab und lass sie abtropfen.
4. Gib das Olivenöl, den Balsamico-Essig, den Orangensaft, den Senf, 1 TL Salz, den Zucker und den Pfeffer in den Mixtopf und mixe alles **30 Sek./Stufe 4**. Gib die gegarten Nudeln in die Salatschüssel zu den übrigen Zutaten, leere das Dressing darüber und vermische alles vorsichtig. Fülle den "Nudelsalat to go" in In Schraubgläser oder in dichte, verschließbare Behälter, verschließe diese und lass den Nudelsalat bis zum Verzehr im Kühlschrank durchziehen.

HALT! STOPP!

Diesen Nudelsalat kannst du super variieren! So passt gebratenes Gemüse - wie zum Beispiel Zucchini, Melanzani oder Champignons - ganz wunderbar dazu. Der Mozzarella lässt sich durch Feta ersetzen, und natürlich kannst du auch alle Arten von kleinen Nudeln für diesen Salat verwenden. Und wenn du gerade keine frischen Tomaten bei der Hand hast: Getrocknete und in Öl eingelegte Tomaten erzeugen genauso herrlichen Geschmack. Und wer lieber Rucola statt Basilikum schmecken möchte - einfach tauschen! Zusätzlich den Salat mit getrockneten Kräutern wie Oregano und Thymian pimpen ist übrigens genauso eine gute Idee wie Kapern und Oliven unterzumischen. Mal schauen, was deine Kinder dazu sagen …

✎ 15 Min.   ⏱ 30 Min.   🌶 einfach   🍽 4 Portionen

📊 pro 1 Portion: Energiewerte 1804 kJ/431 kcal, Eiweiß 15 g, Kohlenhydrate 46 g, Fett 21 g, gesättigte Fettsäuren 6 g, Ballaststoffe 4 g

ÜBERBACKENE MAKKARONI BOLOGNESE

ZUTATEN

- 200 g Cheddar Käse, in Stücken
- 220 g Zwiebeln, halbiert
- 2 Knoblauchzehen, halbiert
- 100 g Karotten, in Stücken
- 100 g Sellerie, in Stücken
- 50 g Rapsöl,
  etwas mehr zum Einfetten
- 400 g stückige Paradeiser,
  aus der Dose
- 30 g Paradeismark
- 300 g Wasser
- 100 g Schlagobers
- 2 TL Zucker
- 2 TL Oregano, getrocknet
- 1 TL Thymian, getrocknet
- 1 TL Basilikum, getrocknet
- 1½ TL Salz
- ¼ TL Pfeffer, frisch gemahlen
- 2 TL Gewürzpaste für Gemüsebrühe,
  selbst gemacht, oder 1 Gemüsesuppenwürfel (für 0,5 l)
- 400 g Faschiertes (vom Rind)
- 300 g Makkaroni, kurz, roh

NÜTZLICHES ZUBEHÖR

Auflaufform (35 x 25 x 6 cm), Schüssel

✎ 30 Min.

🕐 2 Std. 20 Min.

🍴 einfach

🍲 6 Portionen

📊 pro Portion:
  Energiewerte 2650 kJ/633 kcal,
  Eiweiß 30 g, Kohlenhydrate 44 g,
  Fett 38 g, gesättigte Fettsäuren 15 g,
  Ballaststoffe 6 g

ZUBEREITUNG

1. Gib den Käse in den Mixtopf, zerkleinere **7 Sek./Stufe 7** und fülle ihn in eine Schüssel um.
2. Gib die Zwiebeln, den Knoblauch, die Karotten, den Sellerie und das Öl in den Mixtopf und zerkleinere alles **5 Sek./Stufe 5**.
3. Schiebe die Zutaten mit dem Spatel nach unten und dünste alles **5 Min./120°C/Stufe ⚙**.
4. Gib die Paradeiser, das Paradeismark, das Wasser, das Schlagobers, den Zucker, den Oregano, den Thymian, das Basilikum, das Salz, den Pfeffer und die Gewürzpaste dazu und koche **8 Min./100°C/Stufe 1**.
5. Gib das Faschierte dazu, vermische alles mit dem Spatel und koche **20 Min./100°C/↻/Stufe 1.5**. Fette währenddessen eine Auflaufform ein und wiege die Makkaroni in die Auflaufform ein. Heize den Backofen auf 200°C (Ober- und Unterhitze) vor.
6. Gib die Sauce Bolognese über die Nudeln, vermische alles mit dem Spatel und bestreue den Auflauf mit dem geriebenen Käse. Backe die Makkaroni Bolognese 30 Minuten (200°C). Serviere die Makkaroni Bolognese gleich in der Auflaufform.

- -

Das Rezept lässt sich gut vorbereiten. Koche die Sauce, lass sie abkühlen und bewahre sie im Kühlschrank auf. Bei Bedarf mischst du die Sauce mit den Nudeln, bestreust alles mit Käse und backst wie beschrieben. Es ist auch möglich, den gesamten Auflauf am Vorabend vorzubereiten und bis zum Backen am nächsten Tag gut gekühlt aufzubewahren.

Serviere einen knackigen Blattsalat oder eine Tomaten-Gurken-Salsa zum Auflauf. Dies kannst du während der Backzeit vorbereiten.

VARIATION:

Anstelle von Dosentomaten und getrockneten Kräutern bringen frische Tomaten und Kräuter aus dem Garten ein tolles Aroma in den Auflauf.

MAC 'N' CHEESE

Dieses Gericht ist das absolute Wohlfühlessen! Nicht nur, weil es so herrlich cremig auf der Zunge zergeht, sondern auch, weil deine Kinder beim Zubereiten nach Lust und Laune ihre eigenen Portionen kreieren können!

ZUTATEN

- 80 g Parmesan, in Stücken (2 cm)
- 100 g Cheddar, in Stücken (2 cm)
- 1200 g Wasser
- 2½ TL Meersalz
- 280 g Makkaroni, kurz
- 10 g Olivenöl
- 150 g Speckwürfel
- 50 g Weizenmehl
- 650 g Vollmilch
- 2 Prisen schwarzer Pfeffer, gemahlen
- 150 g Cherrytomaten
- 150 g grüne Erbsen, tiefgekühlt

NÜTZLICHES ZUBEHÖR

10 Mini-Auflaufformen, große Schüssel

ZUBEREITUNG

1. Gib den Parmesan in den Mixtopf und zerkleinere ihn **10 Sek./Stufe 10**. Fülle den Käse in eine große Schüssel um und stell diese beiseite.
2. Gib den Cheddar in den Mixtopf und zerkleinere ihn **3 Sek./Stufe 8**. Fülle den Cheddar in die Schüssel zum Parmesan um und vermische beides gut miteinander. Gib 2 EL der Käsemischung in eine kleine Schüssel und stell sie beiseite.
3. Gib das Wasser und 2 TL Salz in den Mixtopf und erhitze es **10 Min./Varoma/Stufe 1**.
4. Gib die Makkaroni durch die Deckelöffnung (Achtung, heiß!) zu. Anstelle des Messbechers Varoma-Behälter als Überkochschutz auf den Mixtopfdeckel stellen und die Nudeln **Zeit gemäß Packungsangabe/100°C/↻/Stufe 1** kochen.
5. Überprüfe, ob die Nudeln al dente gekocht sind, wenn nicht, verlängere die Kochzeit **2 Min./100°C/↻/Stufe ◿**. Gieße die Nudeln durch den Varoma-Behälter ab, fülle sie in eine große Schüssel um und stell sie beiseite.
6. Gib das Öl und die Speckwürfel in den Mixtopf. Anstelle des Messbechers den Gareinsatz auf den Mixtopfdeckel stellen und **5 Min./120°C/↻/Stufe 1** braten. Währenddessen den Backofen auf 180°C (Ober- und Unterhitze) vorheizen. Gib den gebratenen Speck in die Schüssel zu den Nudeln.
7. Gib das Mehl, die Milch, ½ TL Salz und den Pfeffer in den Mixtopf und erhitze **8 Min./90°C/Stufe 3**. Viertle währenddessen die Cherrytomaten. Gib die Tomatenviertel und die Erbsen in die Schüssel mit den Nudeln und vermische alles mit dem Spatel.
8. Gib die Käsemischung aus der großen Schüssel in den Mixtopf dazu und schmilz sie **1 Min./90°C/Stufe 3**. Fülle den geschmolzenen Käse in die Schüssel mit den Nudeln um und vermische alles gut. Dann verteile die Masse auf 10 Mini-Auflaufformen (siehe Tipp). Bestreue alles mit der restlichen Käsemischung und backe den Auflauf 25–30 Minuten (180°C), bis er eine goldbraune Kruste hat.
9. Serviere Mac 'n' Cheese gleich in den Auflaufförmchen.

✑ 25 Min.   ⏱ 1 Std. 20 Min.   🌶 einfach   🍽 10 Portionen

📊 pro Portion: Energiewerte 1415 kJ/338 kcal, Eiweiß 18 g, Kohlenhydrate 28 g, Fett 17 g, gesättigte Fettsäuren 7 g, Ballaststoffe 3 g

TOMATENSAUCE

Paradeiser, aufgepasst! Heute machen wir aus euch eine kulinarische Eliteeinheit,
die sich jedem Geschmack, jeder Pasta und jedem Kinderwunsch
anpassen wird. Also, Tomato Joes: Alle ab auf das Schneidbrett – und ab die Pasta!

ZUTATEN

- 160 g Zwiebeln, geviertelt
- 50 g Olivenöl
- 2–3 Knoblauchzehen, halbiert
- 80 g Karotten, in Stücken
- 1500 g stückige Tomaten,
  aus der Dose
- 15 g Tomatenmark
- 15 g Zucker
- 1 TL Salz
- 1 TL Thymian, getrocknet
- 2 TL Gewürzpaste für Gemüsebrühe,
  selbst gemacht
- 1 TL Aceto Balsamico zum
  Abschmecken

ZUBEREITUNG

1. Gib die Zwiebeln, das Olivenöl, den Knoblauch und die Karotten
   in den Mixtopf und zerkleinere **5 Sek./Stufe 6**. Schiebe alles
   mit dem Spatel nach unten.
2. Gib die Tomaten, das Tomatenmark, den Zucker, das Salz,
   den Thymian und die Gewürzpaste dazu. Gib den Gareinsatz
   anstelle des Messbechers auf den Mixtopfdeckel
   und koche **50 Min./100°C/Stufe 1**.
3. Schmecke die Tomatensauce mit Aceto Balsamico ab
   und serviere sie als Sugo zu Nudeln oder verwende sie
   als Pizzasauce.

Dieses Grundrezept kannst du nach Belieben weiterverwenden. Als Nudelsauce
oder Pizzasauce ist sie wunderbar. Du kannst sie nach dem Kochen
auch 10 Sek./Stufe 5–8 schrittweise ansteigend pürieren. . Lagere die Sauce kühl
und verbrauche sie innerhalb von 3 Tagen.

TOMATENSAUCE HALTBAR MACHEN IM VAROMA:
Heiße Tomatensauce in 4 gründlich gereinigte Schraubgläser füllen, dabei darauf achten,
dass ca. 1 cm bis zum Glasrand frei bleibt und der Glasrand selber sauber ist. Die Gläser sofort
verschließen und in den Varoma-Behälter stellen. 800 g Wasser in den Mixtopf geben,
Varoma-Behälter aufsetzen, verschließen und 40 Min./Varoma/Stufe 1 einkochen. Gläser auskühlen
lassen. So ist die Tomatensauce – gekühlt gelagert – ca. 1 Monat haltbar.

Einfrieren: Portioniere die Tomatensauce in Gefrierdosen, lass sie abkühlen und friere sie danach
ein. Auch so kannst du die Haltbarkeit auf mehrere Monate verlängern.

✎ 10 Min. 🕐 1 Std. 🌶 einfach 🍽 ganzes Rezept (ca. 1600 g)

📊 pro 100 g: Energiewerte 258 kJ/61 kcal, Eiweiß 2 g, Kohlenhydrate 6 g, Fett 3 g, Ballaststoffe 2 g

KOMMANDO "CREMISSIMO"!
MIT MINI-MOZZARELLA
Wenn du kleine Mozzarella-Kügelchen in deine Tomatensauce zauberst, wird sie nicht nur geschmacklich feiner, sondern auch auf deinem Gaumen geschmeidiger. Sie bekommt eine cremigere Konsistenz, ist aber auch sehr sättigend. Wenn du dann noch Parmesan über die Pasta streust, wird es womöglich ein bisschen zu ausgiebig.

MISSION "PEPP UP!"
MIT SPECK & PAPRIKA
Erbsenschoten, Paprika und Speck ergeben einen rustikaleren Geschmack, dessen Dosis du je nach Menge selbst gut steuern kannst. Kleiner Tipp: Wenn du die Speckwürfel vorher scharf anröstest, bringst du durch diese auch noch coolen Crunch in deine Tomatensauce!

URLAUBSFEELING, MARSCH!
MIT KAPERN & SARDELLEN
Das kulinarische Erlebnis von italienischen Antipasti können wir mit Kapern, Sardellen und Zitronenzesten ganz einfach auch in unsere Tomatensauce zaubern.

BEFEHL "WÜRZIG GUT"!
MIT KRÄUTERN & SCHWAMMERLN
Egal, welche Kräuter gerade in deinem Kräuterkisterl gedeihen, du kannst sie deiner Tomatensauce nach Lust und Laune unterjubeln. In Kombination mit den richtigen Schwammerln ergeben sich einmalige Würzigkeiten. Unser Tipp: Champignons mit Oregano, das kann was!

VEGETARISCHE BOHNENBOLOGNESE

ZUTATEN

- 80 g Parmesan, in Stücken
- 220 g Zwiebeln, halbiert
- 2–3 Knoblauchzehen, halbiert
- 150 g Zucchini, in Stücken
- 150 g Karotten, in Stücken
- 100 g Sellerie, in Stücken
- 40 g Öl
- 2–3 l Wasser
  zum Kochen der Nudeln
- 3½–4½ TL Salz
- 400 g stückige Paradeiser,
  aus der Dose
- 30 g Paradeismark
- 2 TL Oregano, getrocknet
- 1 TL Basilikum, getrocknet
- 1 TL Thymian, getrocknet
- 1½ TL Salz
- 2–3 Prisen Pfeffer, frisch gemahlen
- 2 TL Gewürzpaste für Gemüsebrühe,
  selbst gemacht, oder
  1 Gemüsesuppenwürfel (für 0,5 l)
- 300 g Nudeln
  (z. B. Spaghetti, Spiralen, Penne ...)
- 400 g Kidneybohnen,
  aus der Dose, abgespült
- 1 EL Petersilie, gehackt (optional)

NÜTZLICHES ZUBEHÖR

Kochtopf (ca. 3–4 l)

ZUBEREITUNG

1. Gib den Parmesan in den Mixtopf, zerkleinere ihn **10 Sek./Stufe 8** und fülle ihn in eine Schüssel um.
2. Gib die Zwiebeln, den Knoblauch, die Zucchini, die Karotten, den Sellerie und das Öl in den Mixtopf und zerkleinere alles **5 Sek./Stufe 5**.
3. Schiebe die Zutaten mit dem Spatel nach unten und dünste **5 Min./120°C/Stufe 1**. Bringe währenddessen in einem Kochtopf 2–3 l Wasser mit 2–3 TL Salz auf dem Herd zum Kochen.
4. Gib die Paradeiser, das Paradeismark, den Oregano, das Basilikum, den Thymian, 1½ TL Salz, den Pfeffer und die Gewürzpaste in den Mixtopf und koche **8 Min./100°C/Stufe 2**. Koche währenddessen die Nudeln nach Packungsanweisung im Salzwasser bissfest (al dente).
5. Gib die Bohnen in den Mixtopf dazu und koche weitere **5 Min./100°C/⟳/Stufe 1**. Seihe die bissfest gegarten Nudeln durch den Varoma-Behälter ab und serviere sie mit Bohnenbolognese, geriebenem Parmesan und Petersilie.

- -

Diese vegetarische Bohnenbolognese schmeckt nicht nur Kindern, die vegetarisch essen möchten. Die Sauce lässt sich vielfältig einsetzen, z. B. als Nudelsauce, zu Kartoffeln, zu Süßkartoffeln, Kürbis, Quinoa, Bulgur, Zartweizen, Polenta, Reis oder einfach als Eintopf mit Brot.

Du kannst die Sauce vorkochen. Aufgewärmt schmeckt sie auch sehr gut. Du kannst sie auch abkühlen lassen und portionsweise einfrieren.

VARIATION:

Die Sauce ist ein wahrer Verwandlungskünstler. Mit Chili, Kreuzkümmel und Mais wird ganz schnell ein Chili sin Carne daraus.

✎ 20 Min. ◷ 30 Min. ● einfach ⊟ 4 Portionen

pro Portion: Energiewerte 2622 kJ/626 kcal, Eiweiß 30 g, Kohlenhydrate 80 g, Fett 21 g, gesättigte Fettsäuren 6 g, Ballaststoffe 20 g

SUPERSCHNELLE PIZZA MARGHERITA

ZUTATEN

- 100 g Gouda, in Stücken
- 100 g Mozzarella, abgetropft, in Stücken
- 2 TL Salz (optional)
- 250 g Topfen, 20 % Fett
- 30 g Öl, etwas mehr zum Einfetten
- 1 Ei (Größe M)
- 260 g Weizenmehl, universal, Type 700, etwas mehr zum Bemehlen
- 2 gestr. TL Backpulver
- 6 EL Pizzasauce oder Tomatensauce, selbst gemacht
- 1 TL Oregano, getrocknet
- Basilikumblätter, frisch, zur Dekoration

NÜTZLICHES ZUBEHÖR

Nudelholz, Pizzableche, rund (Ø 30 cm), Geschirrtuch

ZUBEREITUNG

1. Heize den Backofen auf 220 °C (Heißluft) vor und fette 2 Pizzableche (Ø ca. 30 cm) mit etwas Öl ein.

2. Gib den Gouda, den Mozzarella und ½ TL Salz (ev. weglassen, wenn der Käse sehr würzig ist) in den Mixtopf und zerkleinere **5 Sek./Stufe 7**. Fülle die Käsemischung in eine Schüssel um.

3. Gib den Topfen, das Öl, das Ei, das Mehl, das Backpulver und 1½ TL Salz in den Mixtopf und vermische **1 Min. 30 Sek./Stufe 5**. Gib den Teig auf die bemehlte Arbeitsfläche und knete ihn mit den Händen zu einer Kugel. Halbiere den Teig und schleife die Hälften wieder zu 2 Kugeln. Lass die Kugeln mit einem Geschirrtuch zugedeckt einige Minuten entspannen.

4. Rolle eine Teigkugel auf der bemehlten Arbeitsfläche mit dem Nudelholz etwas größer als das Pizzablech aus. Lege den Teig auf das Pizzablech, schlage die Ränder etwas ein und drücke sie fest. Gib 3 EL Pizza- oder Tomatensauce auf den Teig und verteile sie dünn. Bestreue die Pizza mit ½ TL Oregano und der Hälfte der Käsemischung. Backe die Pizza 10–12 Minuten (220 °C, Heißluft) knusprig. In dieser Zeit rolle die zweite Teigkugel aus, lege sie auf das Pizzablech, schlage die Ränder ein und drücke sie fest. Verteile 3 EL Pizza- oder Tomatensauce dünn darauf, würze mit ½ TL Oregano und restlicher Käsemischung. Backe die Pizza ebenso 10–12 Minuten (220 °C, Heißluft) knusprig. Bestreue die Pizzen mit Basilikumblättchen und serviere sie sofort.

30 Min.   45 Min.   einfach   2 Pizzen

pro Pizza: Energiewerte 4626 kJ/1106 kcal, Eiweiß 55 g, Kohlenhydrate 101 g, Fett 53 g, gesättigte Fettsäuren 34 g, Ballaststoffe 6 g

Du kannst die Pizza nach Wunsch belegen.
Schinken, Salami, Chorizo,
Champignons, Oliven oder Artischocken
passen jedenfalls ganz wunderbar.

PIZZASCHNECKEN

Wenn du nach dem ultimativen Partysnack gesucht hast – hier hast du ihn gefunden!
Pizzaschnecken schmecken nicht nur jedem Kind, sie können auch ganz individuell befüllt werden.
Am besten gleich von den Partykids selbst, als kulinarisches Kinderspiel sozusagen.

ZUTATEN

Germteig

- 110g Wasser
- 1 TL Trockengerm oder
  10g frische Germ, zerbröselt
- 15g Olivenöl,
  etwas mehr zum Einfetten
- 220g Weizenmehl, glatt, Type 700,
  etwas mehr zum Bemehlen
- ½ TL Salz

Füllung und Fertigstellung

- 150g Cheddar, in Stücken
- 80g Zwiebeln, geviertelt
- 200g Tomaten, reif, in Stücken
- 1 TL Zucker
- 1 TL Salz
- 20g Öl
- 180g Hendlbrust, in Stücken
- 1 Prise Cayennepfeffer, gemahlen
  (optional)
- 1 Lorbeerblatt, getrocknet
- Pizzagewürz zum Bestreuen

NÜTZLICHES ZUBEHÖR

große Schüssel, Backbleche,
Backpapier, Nudelholz, Frischhaltefolie
oder Geschirrtuch

✎ 20 Min.

🕐 1 Std. 30 Min.

🍴 einfach

🍽 14 Stück

📊 pro Stück:

    Energiewerte 606 kJ/145 kcal,

    Eiweiß 8 g, Kohlenhydrate 13 g,

    Fett 7 g, gesättigte Fettsäuren 3 g,

    Ballaststoffe 1 g

ZUBEREITUNG

Germteig

1. Gib das Wasser, die Germ, das Mehl, das Öl und das Salz in den Mixtopf und knete **Teig/3 Min.** Fette währenddessen eine große Schüssel mit Olivenöl ein. Nimm den Teig mithilfe des Spatels aus dem Mixtopf, knete ihn auf der Arbeitsfläche zu einer Kugel und lege ihn in die vorbereitete Schüssel. Decke den Teig mit Frischhaltefolie oder einem feuchten Geschirrtuch zu und lass ihn ca. 1 Stunde an einem warmen Ort (Zimmertemperatur) ruhen, bis sich das Volumen des Teigs verdoppelt hat. Bereite in dieser Zeit die Füllung vor.

Füllung und Fertigstellung

2. Gib den Cheddar in den Mixtopf und zerkleinere ihn **4 Sek./Stufe 8**. Fülle den Käse in eine Schüssel um und stell sie beiseite.
3. Gib die Zwiebeln, die Tomaten, den Zucker, das Salz und das Öl in den Mixtopf und zerkleinere alles **5 Sek./Stufe 5**.
4. Schiebe die Zutaten mit dem Spatel nach unten und dünste **15 Min./100 °C/Stufe 1**.
5. Gib die Hendlbrust, den Cayennepfeffer und das Lorbeerblatt dazu und gare weitere **16 Min./100 °C/Stufe 1**.
6. Entferne das Lorbeerblatt und zerkleinere **5 Sek./↺/Stufe 4**. Fülle alles in eine Schüssel um und spüle den Mixtopf.
7. Heize den Backofen auf 220 °C (Heißluft) vor und belege 2 Backbleche mit Backpapier.
8. Gib den Teig auf eine bemehlte Arbeitsfläche und rolle ihn mit dem Nudelholz auf eine Größe von ca. 40 x 30 cm aus. Verteile das Hendlfleisch mit Tomatensauce auf dem Teig und bestreue alles mit Käse und Pizzagewürz. Nun rolle den Teig von der langen Seite her fest auf, schneide ihn in 2–3 cm breite Stücke und lege die Pizzaschnecken auf die vorbereiteten Backbleche.
9. Backe die Pizzaschnecken 10–12 Minuten (220 °C, Heißluft), bis der Käse Blasen wirft. Serviere die Pizzaschnecken warm oder kalt.

VARIATION:
Für eine alternative Füllung kannst du
80 g Frischkäse auf den Teig streichen,
mit 150 g geriebenem Käse bestreuen und
mit 150 g Speckstreifen belegen. Auf-
rollen, schneiden, backen und genießen.

WEIZENTORTILLAS

Diese kleinen Weizenfladen haben genau das in sich, was wir uns wünschen! Sprich:
Du kannst sie im Grunde mit allem befüllen, was dir oder deinen Kindern schmeckt. Unsere
Tortillas sind also das pefekte Rezept am Kinderesstisch. Mit Entspannungsgarantie!

ZUTATEN

- 220 g Wasser
- 60 g Öl, etwas mehr für die Pfanne
- 440 g Weizenmehl, glatt, Type 700,
  etwas mehr zum Bemehlen
- 1 TL Backpulver
- 1 TL Salz

NÜTZLICHES ZUBEHÖR

große Schüssel, Backbleche,
Backpapier, Nudelholz, Frischhaltefolie
oder Geschirrtuch

ZUBEREITUNG

1. Gib das Wasser, das Öl, das Mehl, das Backpulver und das Salz in den
   Mixtopf und knete alles **1 Min./Stufe 4**. Gib den Teig auf die Arbeitsfläche,
   forme ihn mit den Händen zu einer großen Rolle und schneide diese in
   12 gleich schwere Stücke (ca. 60 g). Forme jedes Stück zu einer Kugel.
2. Rolle mit dem Nudelholz jede Teigkugel auf der bemehlten Arbeitsfläche zu
   einem sehr dünnen runden Fladen aus (Ø 23 cm).
3. Erhitze eine beschichtete Pfanne auf dem Herd und streiche sie mit etwas
   Öl ein. Backe die Tortillas nacheinander auf beiden Seiten bei mittlerer Hitze,
   bis sie ein paar braune Flecken haben. Decke die bereits gebackenen Tortillas sofort mit einem feuchten Geschirrtuch ab, damit sie nicht austrocknen
   und hart werden. Serviere die Weizentortillas mit einer Fülle deiner Wahl.

Du kannst die fertig gebackenen Weizentortillas auch einfrieren. Gib ein Blatt Backpapier
dazwischen, damit sie nicht zusammenkleben.

⏱ 30 Min.   🕐 30 Min.   🎩 mittel   🍽 12 Stück

📊 pro 1 Stück: Energiewerte 722 kJ/173 kcal, Eiweiß 4 g, Kohlenhydrate 26 g, Fett 6 g, gesättigte Fettsäuren 1 g, Ballaststoffe 2 g

Auch als Partysnacks eignen sich Tortillas gut! Du kannst sie in kleinen Pappringerln servieren. Am besten leere Küchenrollen mit buntem Papier bekleben und fünf Zentimeter hohe Ringerl abschneiden.

ROCK'N' ROLL!

Wie rollt man Tortillas so, dass nicht nach dem ersten Bissen die gesamte
Fülle auf dem Boden herumkugelt? Und: Welche Feinheiten sorgen
für Crunsh und Frische? Wir sind der perfekte Tortilla auf der Spur!

Jeder kann seine
Lieblingszutaten in der
Mitte seiner Tortilla
verteilen. Wichtig:
Nicht zu viele Köstli-
chkeiten aussuchen!
Sonst platzt die
Tortilla womöglich …

… wenn du sie zusam-
menrollst. Das geht
übrigens ganz einfach:
Zuerst links und rechts
einschlagen, dann die
untere Seite darüber-
klappen. So bleibt deine
Tortilla unten dicht …

… sobald du sie nun
mit sanftem Druck
zusammenrollst.
Schon ist deine Tortilla
fertig, und du kannst
danach gleich eine
nächste rollen – mit
ganz anderen Zutaten.

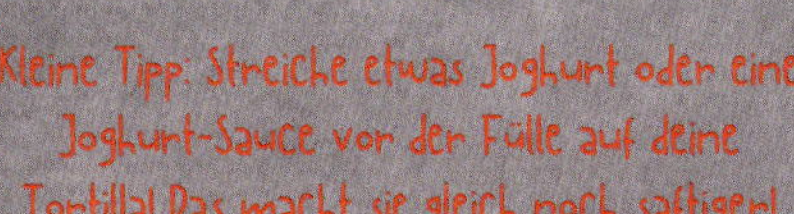

Kleiner Tipp: Streiche etwas Joghurt oder eine Joghurt-Sauce vor der Fülle auf deine Tortilla! Das macht sie gleich noch saftiger!

Welche Zutaten du für deine Tortilla verwendest, bleibt ganz dir überlassen. Du kannst viele unterschiedliche anbieten, und jedes Kind oder jeder Gast rollt seine Lieblingstortilla einfach selbst. Dazu sagt unser NomNom dann immer: "Das ist Rock'n' Roll mit Geschmack!"

WRAPS MIT BOHNEN UND PAPRIKA

ZUTATEN

- 120 g Salatgurke, geschält
- 1 rote Paprikaschote
- 1 Avocado
- 1–2 TL Zitronensaft
- 120 g Zwiebeln, geviertelt
- 40 g Olivenöl
- 4 grüne Salatblätter
- ½ TL Kreuzkümmel, gemahlen
- ½ TL Koriander, gemahlen
- 1 TL Agavendicksaft
- 240 g Kidneybohnen, aus der Dose, gewaschen und abgetropft
- 1½ TL Salz
- 1 Prise Pfeffer, frisch gemahlen
- 4 Weizentortillas, gekauft oder selbst gemacht

NÜTZLICHES ZUBEHÖR

Alufolie oder hitzebeständige Frischhaltefolie

ZUBEREITUNG

1. Schneide die Gurke und die Paprikaschote in kleine Würfel. Halbiere die Avocado, entferne den Kern, schäle sie und schneide sie ebenfalls in Würfel. Beträufle die Avocado mit Zitronensaft.
2. Gib die Zwiebeln und das Öl in den Mixtopf und zerkleinere **3 Sek./Stufe 5**. Schiebe alles mit dem Spatel nach unten.
3. Dünste alles **3 Min./120°C/Stufe ᗡ**. Wasche währenddessen 4 Salatblätter und schüttle sie trocken.
4. Gib den Kreuzkümmel, den Koriander und den Agavendicksaft dazu und dünste **2 Min./120°C/Stufe ᗡ**.
5. Gib die Bohnen, das Salz und den Pfeffer dazu und erhitze alles **5 Min./100°C/⟲/Stufe ᗡ**.
6. Lege die Tortillas auf die Arbeitsfläche und belege sie mit je 1 Salatblatt, den Bohnen und je ¼ der Gurken-, Paprika- und Avocadowürfel.

30 Min. 30 Min. einfach 4 Portionen

pro 1 Portion: Energiewerte 1595 kJ/380 kcal, Eiweiß 12 g, Kohlenhydrate 41 g, Fett 19 g, gesättigte Fettsäuren 3 g, Ballaststoffe 10 g

WRAPS MIT HENDLFLEISCH UND MAIS

ZUBEREITUNG

1. Schneide die Hendlbrustfilets in 1 cm breite Streifen und gib sie in eine Schüssel. Gib die abgetropften Maiskörner dazu.

2. Gib das edelsüße und das geräucherte Paprikapulver, das Salz, den Pfeffer, 3 TL Zitronensaft, die geriebene Zitronenschale und das Öl in den Mixtopf und vermische alles **30 Sek./Stufe 4.** Gib die Marinade über die Hendlfiletstreifen und den Mais und vermische alles gut. Forme aus 2 Stück Backpapier je ein Schiffchen und drehe die Enden fest ein. Verteile das marinierte Hendlfleisch auf die beiden Schiffchen, verschließe sie und verteile sie im Varoma-Behälter und den -Einlegeboden. Verschließe den Varoma.

3. Gib das Wasser in den Mixtopf, setze den Varoma-Behälter auf und gare **20 Min./Varoma/Stufe 1**. Halbiere währenddessen die Avocado, entferne den Kern, schäle sie und schneide sie in Würfel. Beträufle die Avocado mit 1–2 TL Zitronensaft. Wasche 4 Salatblätter und schüttle sie trocken. Stell den Varoma beiseite und öffne vorsichtig die Schiffchen.

4. Lege die Tortillas auf die Arbeitsfläche, bestreiche sie mit je 1 EL Mayonnaise, belege sie mit je 1 Salatblatt, dem gedämpftem Hendlfleisch mit Mais aus dem Varoma sowie den Avocadostreifen.

ZUTATEN

- 500 g Hendlbrustfilets, ohne Haut
- 150 g Mais, aus der Dose, abgespült und abgetropft
- 1 TL Paprikapulver, edelsüß
- ¼ TL Paprikapulver, edelsüß, geräuchert (optional)
- ½ TL Salz
- 1 Msp. Pfeffer, frisch gemahlen
- 4–5 TL Zitronensaft
- 1 TL Zitronenschale, gerieben
- 40 g Olivenöl
- 500 g Wasser
- 1 Avocado
- 4 grüne Salatblätter
- 4 Weizentortillas, gekauft oder selbst gemacht
- 4 EL Mayonnaise

NÜTZLICHES ZUBEHÖR

Backpapier

⟋ 30 Min. ⏱ 40 Min. ♟ einfach 🍴 4 Portionen

📊 pro 1 Portion: Energiewerte 2390 kJ/571 kcal, Eiweiß 38 g, Kohlenhydrate 40 g, Fett 29 g, gesättigte Fettsäuren 7 g, Ballaststoffe 4 g

GEMÜSERISOTTO

Angeblich ist das legendäre Risotto dadurch entstanden, dass einst ein milanesischer Lehrling seinem Meister das Essen verderben wollte. Stattdessen hat er das Reisgericht unabsichtlich verbessert. Unsere Rezeptabteilung hat jetzt aber natürlich noch einmal kräftig nachgelegt!

ZUTATEN

- 50 g Parmesan, in Stücken
- 80 g Zwiebeln, halbiert
- 25 g Olivenöl
- 100 g Karotten, in Stücken
- 200 g Zucchini, in Stücken
- 1 TL Salz,
  etwas mehr zum Abschmecken
- 25 g Butter
- 250 g Risottoreis Arborio
- 660 g Wasser,
  heiß, aus dem Wasserhahn
- 3 TL Gewürzpaste für Gemüsebrühe,
  selbst gemacht, oder 1 Gemüsesuppenwürfel (für je 0,5 l)
- 2 Prisen Pfeffer, frisch gemahlen,
  etwas mehr zum Abschmecken
- 50 g Erbsen, tiefgekühlt

NÜTZLICHES ZUBEHÖR

Schüssel

ZUBEREITUNG

1. Gib den Parmesan in den Mixtopf und zerkleinere ihn **5 Sek./Stufe 8**. Fülle ihn in eine kleine Schüssel um.
2. Gib die Zwiebeln, das Olivenöl, die Karotten, die Zucchini und ½ TL Salz in den Mixtopf und zerkleinere alles **3 Sek./Stufe 5**.
3. Schiebe alles mit dem Spatel nach unten und dünste **5 Min./100°C/Stufe 1**. Fülle das Gemüse in eine Schüssel um.
4. Gib die Butter und den Reis in den Mixtopf und dünste alles **5 Min./120°C/↺/Stufe ◑**.
5. Gib 360 g heißes Wasser, die Gewürzpaste, ½ TL Salz und den Pfeffer dazu. Stell den Gareinsatz anstelle des Messbechers auf den Mixtopfdeckel und koche **10 Min./100°C/↺/Stufe ◑**.
6. Gib die Gemüsemischung, die Erbsen und 300 g heißes Wasser dazu, stell den Gareinsatz anstelle des Messbechers auf den Mixtopfdeckel und koche weitere **8 Min./100°C/↺/Stufe ◑**. Schmecke das Risotto mit Salz und Pfeffer ab, richte es in tiefen Tellern an, garniere es mit zerkleinertem Parmesan und serviere es sofort.

- -

Das Gemüserisotto kannst du als Hauptspeise oder als Beilage zu gebratenem Fisch oder Fleisch servieren.

VARIATION:

Das Gemüse kannst du variieren. Probiere es auch mit Brokkoli!

◿ 15 Min.   ◷ 35 Min.   ♨ einfach   ⇌ 4 Portionen

▥ pro Portion: Energiewerte 1715 kJ/410 kcal, Eiweiß 11 g, Kohlenhydrate 54 g, Fett 17 g, gesättigte Fettsäuren 7 g, Ballaststoffe 4 g

ERDÄPFEL-KARFIOL-LAIBCHEN

Wenn deine Kinder keinen Karfiol mögen sollten: Probier das! In Kombination mit Erdäpfeln schmeckt das nicht immer kinderfreundliche Gemüse nämlich dann fast allen. Versprochen!

ZUTATEN

- 100 g Hartkäse (z. B. Gouda), in Stücken
- 500 g Wasser
- 300 g Erdäpfel, mehlig, geschält, in Stücken (2 cm)
- 200 g Karfiol, in Röschen, große Stücke halbiert
- 50 g Semmelbrösel, etwas mehr zum Wenden
- 1 TL Salz
- 1 TL Zitronensaft
- ½ TL Oregano, getrocknet
- 1 Prise Muskat, gemahlen
- 1 Prise Pfeffer, frisch gemahlen
- 50 g Mais, gewaschen und abgetropft
- 40 g Maisstärke
- 4–8 EL Öl zum Braten (z. B. Rapsöl)

NÜTZLICHES ZUBEHÖR

Küchenpapier, beschichtete Bratpfanne, Eisportionierer

ZUBEREITUNG

1. Gib den Käse in den Mixtopf und zerkleinere ihn **5 Sek./Stufe 6**. Fülle den Käse in eine Schüssel um.
2. Gib das Wasser in den Mixtopf. Hänge den Gareinsatz ein. Wiege die Erdäpfel in den Gareinsatz ein und gare sie **15 Min./Varoma/Stufe 1**.
3. Setze den Varoma-Behälter auf und wiege den Karfiol ein. Verschließe den Varoma und gare **15 Min./Varoma/Stufe 1**. Stell den Varoma beiseite und nimm den Deckel ab. Hebe den Gareinsatz mithilfe des Spatels aus dem Mixtopf. Nun den Mixtopf spülen.
4. Gib den gegarten Karfiol, die gegarten Erdäpfel, den zerkleinerten Käse, die Semmelbrösel, das Salz, den Zitronensaft, den Oregano, den Muskat, den Pfeffer, den Mais und die Maisstärke in den Mixtopf und vermische alles **10 Sek./ /Stufe 4**. Fülle die Masse in eine Schüssel um und lass sie ca. 30 Minuten abkühlen. Stich danach mithilfe eines Eisportionierers 10 Kugeln aus der Masse aus und forme sie zu Laibchen. Wende die Laibchen in Semmelbröseln.
5. Erhitze 4 EL Öl in einer beschichteten Bratpfanne auf dem Herd und brate die Laibchen portionsweise bei mittlerer Hitze auf beiden Seiten langsam goldbraun. Bei Bedarf noch Öl nachgießen. Erdäpfel-Karfiol-Laibchen auf Küchenpapier abtropfen lassen und servieren.

DER DIP-TIPP

Besonders gut passt auch ein Dip aus je 1 Becher Sauerrahm und Joghurt, 1–2 gepressten Knoblauchzehen, 1/2 TL Salz und 1/2 Bund Schnittlauch in Röllchen. Verrühre alles gut und serviere den Dip zu den Laibchen.

25 Min.   1 Std. 25 Min.   einfach   10 Stück

pro Stück: Energiewerte 637 kJ/152 kcal, Eiweiß 5 g, Kohlenhydrate 15 g, Fett 8 g, gesättigte Fettsäuren 2 g, Ballaststoffe 2 g

Serviere die Laibchen mit gemischtem Blattsalat!

ZUCCHINIPUFFER MIT AVOCADOCREME UND JOGHURTDIP

ZUTATEN

- 1 rote Zwiebel (à ca. 70 g), halbiert
- ½ Bund Petersilie,
  Blättchen abgezupft
- 400 g Zucchini, in Stücken
  (siehe Tipp)
- 180 g Süßkartoffeln,
  geschält, in Stücken
- 2 Eier (Größe M)
- 100–120 g Dinkelmehl
- 1 Msp. Backpulver
- 20 g Maisstärke
- 20 g Semmelbrösel
- 1¾ TL Salz
- 1 Prise Pfeffer, frisch gemahlen
- 2 reife Avocados,
  geschält, in Stücken
- 2 TL Zitronensaft
- 150 g griechischer Joghurt (10% Fett)
- 100 g Sauerrahm
- ½ Knoblauchzehe, gepresst
- etwas Öl zum Braten (z. B. Rapsöl)

NÜTZLICHES ZUBEHÖR

beschichtete Pfanne

ZUBEREITUNG

1. Gib die Zwiebel, die Petersilie, die Zucchini und die Süßkartoffeln in den Mixtopf und zerkleinere alles **5 Sek./Stufe 6**.
2. Gib die Eier, das Mehl, das Backpulver, die Maisstärke, die Semmelbrösel, 1¼ TL Salz und den Pfeffer dazu und mische **15 Sek./⟳/Stufe 3.5**. Fülle die Masse in eine Schüssel um. Spüle den Mixtopf.
3. Gib die Avocados, den Zitronensaft und ¼ TL Salz in den Mixtopf und mixe **1 Min./Stufe 4**. Fülle die Masse in eine kleine Schüssel um.
4. Gib das Joghurt, den Rahm, den Knoblauch und ¼ TL Salz in eine Schüssel und vermische alles gut mit einer Gabel.
5. Erhitze eine große beschichtete Pfanne mit etwas Öl auf dem Herd. Gib jeweils 1 EL der Zucchinipuffermasse in die Pfanne, drücke sie leicht flach und brate sie bei mittlerer Hitze langsam auf beiden Seiten knusprig. Richte die Zucchinipuffer mit Avocadocreme und Joghurtsauce an und serviere sie sofort.

- -

Sehr große Zucchini aus dem Garten haben oft schon eine härtere Schale. Schäle diese Zucchini streifig ab, damit nicht so viele Schalenanteile in der Masse sind. Schneide die Zucchini der Länge nach auf und entferne die Kerne mit einem Löffel.

Die Masse reicht für 6–8 Kinderportionen.

✎ 40 Min.   ⏱ 50 Min.   🍴 einfach   🍲 4 Portionen oder 6–8 Portionen für kleine Gemüsetiger

📊 pro Portion: Energiewerte 2230 kJ/532 kcal, Eiweiß 13 g, Kohlenhydrate 44 g, Fett 34 g, gesättigte Fettsäuren 8 g, Ballaststoffe 7 g

BROKKOLILAIBCHEN MIT NUSSKRUSTE

ZUTATEN

- 50 g Haselnüsse
- 100 g Semmelbrösel
- 5 Stängel Petersilie, Blättchen abgezupft
- 200 g Mozzarella, abgetropft, in Stücken
- 500 g Wasser
- 400 g Brokkoliröschen, in Stücken
- 15 g Zitronensaft
- 2 Eier (Größe M)
- 1½ TL Salz
- 1 Prise Pfeffer, frisch gemahlen
- 4–8 EL Öl zum Braten (z. B. Rapsöl)

NÜTZLICHES ZUBEHÖR

Küchenpapier, beschichtete Pfanne, Eisportionierer

ZUBEREITUNG

1. Gib die Nüsse und 20 g Semmelbrösel in den Mixtopf und zerkleinere sie **5 Sek./Stufe 6**. Fülle die Nussbrösel in einen Teller um.
2. Gib die Petersilie in den Mixtopf und zerkleinere **3 Sek./Stufe 8**.
3. Gib den Mozzarella dazu, zerkleinere **5 Sek./Stufe 4** und fülle die Mozzarella-Petersilien-Mischung in eine Schüssel um.
4. Gib das Wasser in den Mixtopf. Setze den Varoma-Behälter auf und wiege die Brokkoliröschen ein. Varoma verschließen und Brokkoli **17 Min./Varoma/Stufe 1** dampfgaren. Nun nimm den Varoma ab, spüle den Brokkoli unter fließendem kalten Wasser ab und lass ihn abtropfen. Im Anschluss wir der Mixtopf gespült.
5. Gib den gegarten Brokkoli, den Zitronensaft, die Mozzarella-Petersilien-Mischung, die Eier, 80 g Semmelbrösel, das Salz und den Pfeffer dazu und zerkleinere **5 Sek./Stufe 5**. Fülle die Masse in eine Schüssel um. Stich mithilfe eines Eisportionierers 12 Kugeln aus der Masse, forme daraus 12 Laibchen und wälze sie in den Nussbröseln.
6. Erhitze 4 EL Öl in einer beschichteten Bratpfanne auf dem Herd und backe die Laibchen bei mittlerer Hitze auf beiden Seiten goldbraun (Achte auf mittlere Hitze, die Nussbrösel können schnell verbrennen!). Bei Bedarf etwas Öl nachgießen. Die Laibchen auf Küchenpapier abtropfen lassen und gleich servieren.

BIS(S) ES ALLEN SCHMECKT

Zu den Brokkolilaibchen kannst du einen gemischten Salat servieren. Besonders gut passt auch ein Dip aus je 1 Becher Sauerrahm und Joghurt, 1–2 gepressten Knoblauchzehen, 1/2 TL Salz und 1/2 Bund Schnittlauch in Röllchen. Verrühre alles gut und serviere es zu den Laibchen.

Die Laibchen können auch im Backofen gebacken werden. Gib die geformten Laibchen auf ein mit Backpapier belegtes Backblech. Bestreiche sie mit Rapsöl und backe sie bei 180 °C ca. 20 Minuten, bis sie goldbraun sind.

VARIATIONEN:

Wenn du die Laibchen etwas würziger magst, kannst du auch anderen Käse verwenden. Sehr gut eignen sich Gouda, Bergkäse oder Tilsiter. Reduziere in dem Fall die Salzmenge um 1/2 Teelöffel.

- 35 Min.
- 55 Min.
- einfach
- 12 Stück
- pro Stück:
  Energiewerte 647 kJ/153 kcal,
  Eiweiß 7 g, Kohlenhydrate 8 g,
  Fett 10 g, gesättigte Fettsäuren 3 g,
  Ballaststoffe 2 g

TIPP:
Die Laibchenmasse eignet sich gut zum Vorbereiten.
Stell sie bis zur Fertigstellung in einem
luftdichten Behälter in den Kühlschrank. Gut
gekühlt ist die Masse leichter zu formen.

BUNTER HIRSESALAT

Hirse ist in Wahrheit ein buntes Sammelsurium unterschiedlicher Getreidearten. Vor allem aber bedeutet das aus dem Indogermanischen stammende Wort übersetzt etwa "Sättigung", "Nährung" und "Nahrhaftigkeit". Wir haben einfach noch die Bedeutung "schmeckt ganz großartig" eingefügt.

ZUTATEN

- 180 g Hirse
- 800 g Wasser
- 1 TL Gewürzpaste für Gemüsebrühe, selbst gemacht, oder ½ Gemüsesuppenwürfel (für 0,5 l)
- 2 TL Salz
- 150 g Karotten, geschält
- 100 g Erbsen, tiefgekühlt
- 4 EL Sonnenblumenkerne oder Pinienkerne
- 100 g Mais, aus der Dose, gewaschen und abgetropft
- 6 Zweiglein Minze, frisch, Blättchen abgezupft
- 40 g Zitronensaft
- 40 g Agavendicksaft
- 70 g Olivenöl
- 2 Prisen Pfeffer, frisch gemahlen

NÜTZLICHES ZUBEHÖR

feines Sieb, Pfanne, große Salatschüssel

ZUBEREITUNG

1. Lege ein feines Sieb auf den Mixtopf und wiege die Hirse in das Sieb ein. Spüle die Hirse unter fließendem heißen Wasser gut ab und lass sie abtropfen.

2. Gib 500 g Wasser, die Gewürzpaste, 1 TL Salz und die gewaschene Hirse in den Mixtopf und koche sie **6 Min./Varoma/⟲/Stufe ✿** auf. Schneide währenddessen die Karotten in 5 mm dicke Scheiben und gib sie in den Varoma-Behälter. Gieße die Hirse durch den Gareinsatz ab.

3. Gib 300 g Wasser in den Mixtopf. Setze den Gareinsatz mit der vorgekochten Hirse ein. Platziere den Varoma-Behälter mit den Karotten auf dem Mixtopfdeckel und wiege die Erbsen in den Varoma-Behälter ein. Verschließe den Varoma und gare alles **15 Min./Varoma/Stufe 1**. Bräune währenddessen die Sonnenblumenkerne in einer Pfanne auf dem Herd, bis sie duften. Stell die Pfanne danach beiseite. Nimm den Varoma ab und fülle das Karotten-Erbsen-Gemüse in eine große Salatschüssel um. Nimm den Gareinsatz mithilfe des Spatels aus dem Mixtopf, lass die Hirse kurz abkühlen und gib sie dann in die Salatschüssel. Gib den Mais ebenfalls in die Schüssel. Spüle den Mixtopf und trockne ihn.

4. Gib die Minze in den Mixtopf, zerkleinere sie **3 Sek./Stufe 8** und schiebe sie mit dem Spatel nach unten. Zerkleinere die Minze nochmals **3 Sek./Stufe 8** und schiebe sie mit dem Spatel nach unten.

5. Gib den Zitronensaft, den Agavendicksaft, das Olivenöl, 1 TL Salz und den Pfeffer dazu und verrühre alles **30 Sek./Stufe 5**. Gieße die Marinade über die Zutaten in der Schüssel, vermische alles gut und lass den Hirsesalat mind. 10 Minuten durchziehen. Gib die gerösteten Sonnenblumenkerne darüber, bevor du ihn lauwarm servierst.

✎ 15 Min. ⏱ 45 Min. 🌶 einfach 🍽 4 Portionen

📊 pro Portion: Energiewerte 1904 kJ/455 kcal, Eiweiß 10 g, Kohlenhydrate 48 g, Fett 25 g, gesättigte Fettsäuren 4 g, Ballaststoffe 6 g

Zerpflücke geräucherten Fisch
(Forellen- oder Saiblingsfilets) und gib ihn auf
den Salat. Sehr gut passen auch Fetawürfel
oder gebratene Tofuwürfel.

POLENTASTICKS

ZUTATEN

- 20 g Parmesan, in Stücken
- 170 g Polenta, vorgegart (2-Minuten-Polenta)
- 880 g Wasser
- ½ TL Salz
- 2 TL Gewürzpaste für Gemüsebrühe, selbst gemacht, oder 1 Gemüsesuppenwürfel (für 0,5 l)
- Olivenöl zum Einfetten
- 1 TL Rosmarin, getrocknet
- 1 TL Thymian, getrocknet
- 1 TL Oregano, getrocknet
- 30 g Butter

NÜTZLICHES ZUBEHÖR

Backblech, Backpinsel, Schüssel, Schneidbrett

ZUBEREITUNG

1. Gib den Parmesan in den Mixtopf und zerkleinere ihn **10 Sek./Stufe 8**. Fülle den Parmesan in eine Schüssel um.
2. Stell eine Schüssel auf den Mixtopfdeckel und wiege die Polenta ein. Stell die Schüssel beiseite. Gib das Wasser, das Salz und die Gewürzpaste in den Mixtopf und lass es **8 Min./100 °C/Stufe 1** aufkochen. Fette währenddessen ein Backblech mit Olivenöl ein.
3. Gib den Rosmarin, den Thymian und den Oregano dazu und lass alles ohne Messbecher **3 Min./100 °C/Stufe 3** weiter kochen, dabei lässt du die abgewogene Polenta vorsichtig durch die Deckelöffnung auf das laufende Messer rieseln.
4. Gib die Butter und den geriebenen Parmesan dazu, vermische alles zügig mit dem Spatel und streiche es sofort auf das vorbereitete Backblech (nicht höher als 1 cm dick), auf. Lass die Polenta ca. 30 Minuten abkühlen und fest werden.
5. Heize den Backofen auf 220 °C (Ober- und Unterhitze) vor. In dieser Zeit stürzt du die abgekühlte Polenta auf ein Brett und schneidest sie in 1,5–2 cm dicke Streifen. Verteile die Streifen wieder auf dem vorbereiteten Backblech.
6. Backe die Polentasticks ca. 25–30 Minuten (220 °C) knusprig braun (siehe Tipp) und serviere sie sofort.

Beobachte die Sticks gegen Ende der Backzeit und lass sie je nach gewünschter Bräune und Knusprigkeit evtl. noch ein paar Minuten im Backofen. Je dünner die Sticks sind, umso schneller werden sie braun und knusprig.

- ✎ 20 Min.
- 🕐 1 Std. 20 Min.
- 🌶 einfach
- 🍴 4 Portionen
- 📊 pro 1 Portion: Energiewerte 1011 kJ/242 kcal, Eiweiß 6 g, Kohlenhydrate 32 g, Fett 10 g, ges. Fettsäuren 5 g, Ballaststoffe 3 g

SCHNELLE CREMIGE POLENTA

ZUTATEN

- 20 g Parmesan, in Stücken
- 170 g Polenta, vorgegart (2-Minuten-Polenta)
- 500 g Wasser
- 400 g Milch
- 1 TL Salz
- 1 TL Gewürzpaste für Gemüsebrühe, selbst gemacht, oder ½ Gemüse-suppenwürfel (für 0,5 l)
- 30 g Butter

NÜTZLICHES ZUBEHÖR

2 Schüsseln

ZUBEREITUNG

1. Gib den Parmesan in den Mixtopf, zerkleinere ihn **10 Sek./Stufe 8** und fülle ihn in eine Schüssel um.
2. Eine Schüssel auf den Mixtopfdeckel stellen. Wiege die Polenta in die Schüssel ein und stell sie beiseite.
3. Gib das Wasser, die Milch, das Salz und die Gewürzpaste in den Mixtopf und lass alles **8 Min./95°C/Stufe 1** aufkochen.
4. Danach **3 Min./100°C/Stufe 3.5** weiter kochen und dabei die abgewogene Polenta langsam durch die Deckelöffnung auf das laufende Messer rieseln lassen.
5. Gib die Butter und den geriebenen Parmesan dazu und vermische alles zügig mit dem Spatel. Serviere die Polenta sofort.

◣ 10 Min. ⏱ 25 Min. 🍳 einfach 🍴 4 Portionen

📊 pro 1 Portion: Energiewerte 1192 kJ/285 kcal, Eiweiß 9 g, Kohlenhydrate 36 g, Fett 12 g, gesättigte Fettsäuren 7 g, Ballaststoffe 2 g

BUTTERNUSSKÜRBISGEMÜSE

Der süße Geschmack von Kürbis lässt bei Kindern gar keinen Gedanken an Gemüse aufkommen.
Das ist doch wirklich ein guter Grund, öfter dieses besondere Gewächs auf den Tisch zu zaubern.

ZUTATEN

- 1 Zwiebel (ca. 70 g), halbiert
- 1 Knoblauchzehe, halbiert
- 20 g Rapsöl
- 500 g Butternusskürbis, geschält, entkernt
- ½ TL Salz
- ¼ TL Bohnenkraut, getrocknet
- 2 TL Paprikapulver, edelsüß
- 2 TL Gewürzpaste für Gemüsebrühe, selbst gemacht, oder 1 Gemüsesuppenwürfel (für 0,5 l)
- 1 TL Tomatenmark
- 100 g Wasser
- Sauerrahm oder Crème fraîche zum Servieren

ZUBEREITUNG

1. Gib die Zwiebel, den Knoblauch und das Öl in den Mixtopf und zerkleinere alles **5 Sek./Stufe 5**.
2. Schiebe alles mit dem Spatel nach unten und dünste **5 Min./100°C/Stufe 1**. Schneide den Kürbis inzwischen in 1 cm große Würfel.
3. Gib die Kürbiswürfel, das Salz, das Bohnenkraut, das Paprikapulver, die Gewürzpaste, das Tomatenmark und das Wasser dazu und koche **10 Min./100°C/⟲/Stufe ◖**. Serviere das Kürbisgemüse mit einem Klecks Sauerrahm oder Crème fraîche.

- -

Zum Butternusskürbisgemüse kannst du gekochte Erdäpfel oder Erdäpfelpüree servieren. Es passt auch gut zu kurzgebratenem oder geschmortem Fleisch. Sehr gut schmecken eine gebratene Knackwurst oder Leberkäse dazu.

Bestreue das Gemüse nach Wunsch mit gehackter Petersilie.

✎ 15 Min.   🕐 25 Min.   🌡 einfach   🍽 3 Portionen

📊 pro Portion: Energiewerte 602 kJ/145 kcal, Eiweiß 4 g, Kohlenhydrate 11 g, Fett 10 g, gesättigte Fettsäuren 2 g, Ballaststoffe 2 g

Auch mein Bruder Hokkaido schmeckt super und muss gar nicht geschält werden.

ERDÄPFEL-SELLERIE-PÜREE

Unser NomNom wollte dieses einfache und gleichzeitig herrliche Rezept gar nicht für den allgemeinen Genuss freigeben. Schließlich ist dieses doch sein Lieblingspüree. Also, bitte nicht nachkochen, wenn NomNom in der Nähe ist – sonst können wir für nichts garantieren!

ZUTATEN

- 400 g Erdäpfel, mehlig, in Stücken (2–3 cm)
- 300 g Sellerie, in Stücken (2–3 cm)
- 1 TL Salz
- 260 g Milch
- 40 g Butter, in Stücken
- 100 g Erbsen, tiefgekühlt
- 1 Prise Muskatnuss, gemahlen

ZUBEREITUNG

1. **Setze den Rühraufsatz in den Mixtopf ein**. Gib die Erdäpfel, den Sellerie, das Salz, die Milch und die Butter in den Mixtopf. Setze den Varoma-Behälter auf und wiege die Erbsen ein. Verschließe den Varoma und gare **25 Min./98 °C/Stufe 2**. Varoma beiseite stellen. **Rühraufsatz entfernen**.
2. Gib den Muskat zu und püriere **30 Sek./Stufe 4**. Gib die Erbsen dazu und vermische alles mit dem Spatel. Fülle das Erdäpfel-Sellerie-Püree in eine Schüssel um und serviere es heiß.

Das Erdäpfel-Sellerie-Püree passt hervorragend zum Nussfisch, zu den Hühnernuggets oder zu anderen Fleischspeisen.

10 Min.   35 Min.   einfach   4 Portionen

pro Portion: Energiewerte 939 kJ/224 kcal, Eiweiß 7 g, Kohlenhydrate 23 g, Fett 11 g, gesättigte Fettsäuren 7 g, Ballaststoffe 7 g

NEIN! NIX! DA GIBT'S GAR NIX ZU KOSTEN!

TODAY

BANANEN-NUSSBROT

Der Name Bananenbrot ist etwas irreführend, denn eigentlich ist es ja ein Kuchen.
Jedenfalls schmeckt es großartig. Gerade dieses Rezept eignet sich gut
zur Verwertung braun gewordener Bananen. Die sind obendrein noch extrasüß!

ZUTATEN

- 300 g Weizenmehl, universal,
  etwas mehr zum Bemehlen
- 2–3 TL Backpulver
- 80–100 g dunkle Schokolade,
  in Stücken
- 450 g Bananen, sehr reif
  (siehe Tipp), geschält, in Stücken
  (ca. 5–6 Stück) und 1 Banane
  für die Dekoration
- 50 g Buttermilch
- 90 g Butter, weich, in Stücken, etwas
  mehr zum Einfetten
- 120 g Feinkristallzucker
- 10 g Vanillezucker
- ¼ TL Salz
- 1 TL Zimt, gemahlen
- 1 Ei (Größe M)
- 30 g Walnüsse, halbiert,
  einige zur Dekoration

NÜTZLICHES ZUBEHÖR

Kastenform, Kuchengitter, Schüssel

✎ 20 Min.
🕐 1 Std. 15 Min.
🍴 einfach
🍰 14 Stück
📊 pro Stück:
    Energiewerte 1302 kJ/311 kcal,
    Eiweiß 6 g, Kohlenhydrate 52 g,
    Fett 9 g, gesättigte Fettsäuren 5 g,
    Ballaststoffe 3 g

ZUBEREITUNG

1. Schiebe einen Backofenrost auf die untere Schiene des Backofens ein und
   heize den Backofen auf 160 °C (Heißluft) vor. Befette und bemehle eine
   Kastenform.
2. Stell eine Schüssel auf den Mixtopfdeckel und wiege das Mehl in die
   Schüssel ein. Gib das Backpulver dazu, vermische alles gut und stell die
   Schüssel beiseite.
3. Gib die Schokolade in den Mixtopf und zerkleinere sie **4 Sek./Stufe 6**. Gib
   die Schokolade zum Mehl in die Schüssel.
4. Gib 450 g Bananen und die Buttermilch in den Mixtopf und püriere
   5 Sek./Stufe 8. Fülle das Bananenpüree in eine Schüssel um.
5. **Setze den Rühraufsatz ein.** Gib die weiche Butter, den Zucker, den Vanillezucker, das Salz und den Zimt in den Mixtopf und rühre alles
   2 Min./Stufe 4 schaumig.
6. Gib das Ei dazu und rühre es **1 Min./Stufe 3.5** schaumig. **Entferne den
   Rühraufsatz aus dem Mixtopf.**
7. Gib das Bananenpüree, die Schokoladen-Mehl-Mischung und 30 g Walnüsse dazu und vermische alles **10 Sek./↺/Stufe 5**.
8. Fülle den Teig in die vorbereitete Kastenform. Schneide 1 Banane der
   Länge nach auf und lege sie mit der Schnittseite nach oben dekorativ auf
   das Bananenbrot und drücke sie ganz leicht in den Teig. Lege ca. 30 g
   Walnüsse dekorativ auf die Teigoberfläche, drücke die Nüsse etwas in den
   Teig und backe das Bananenbrot ca. 50–55 Minuten (160 °C, Heißluft). Lass
   das Bananenbrot in der Form 10 Minuten abkühlen, stürze es dann auf ein
   Kuchengitter, drehe es vorsichtig um und lass es weiter abkühlen. Schnei-
   de das Bananenbrot in Scheiben und serviere es lauwarm oder kalt.

- - - - - - - - - - - - - - - - - -

Nimm für das Bananenbrot sehr reife Bananen, deren Schale schon braune Punkte bekommen
hat oder gänzlich braun geworden ist. Dies zeigt an, dass die Stärke der Bananen in Zucker
umgewandelt wurde. Diese sehr reifen Bananen sind besonders süß.

VARIATIONEN:

Anstelle von Walnüssen kannst du auch 60 g Kokosraspel in den Teig geben. Gib aber die
Kokosraspel nicht oben auf den Teig, sie verbrennen sehr schnell.

Auch Cranberrys oder
getrocknete Sauerkirschen schmecken
toll im Bananenbrot.

OMAS SCHOKOLADENOBSTKUCHEN

ZUTATEN

- 190 g Weizenmehl, glatt
- 1 gestr. TL Backpulver
- 5 Eier (Größe M)
- 1 Prise Salz
- 190 g Kochschokolade, in Stücken
- 190 g Butter, in Stücken
- 190 g Zucker
- 1 Päckchen Vanillezucker oder 2 geh. TL Vanillezucker, selbst gemacht
- 1 EL Rum (optional)
- 1000 g Obst zum Belegen (entsteinte Kirschen, Marillen, Zwetschken …)

NÜTZLICHES ZUBEHÖR

Backblech, Backpapier, Schüssel

ZUBEREITUNG

1. Heize den Backofen auf 180 °C (Ober- und Unterhitze) vor. Belege ein Backblech mit Backpapier. Stell eine Schüssel auf den Mixtopfdeckel, wiege das Mehl und das Backpulver ein, vermische alles gut und stell die Schüssel beiseite.

2. **Setze den Rühraufsatz in den fettfreien Mixtopf ein**. Trenne 5 Eier. Gib das Eiklar und das Salz in den Mixtopf und schlage es **4 Min./Stufe 3.5** steif. Entferne den Rühraufsatz. Fülle den Eischnee in eine Schüssel um und stell ihn in den Kühlschrank. Spüle den Mixtopf.

3. Gib die Schokolade in den Mixtopf und schmilz sie **7 Min./70 °C/Stufe 1**. Fülle die geschmolzene Schokolade in eine Schüssel um.

4. Gib die Butter, den Zucker und den Vanillezucker in den Mixtopf und rühre alles **3 Min./Stufe 3.5** schaumig.

5. Stelle den Thermomix® **3 Min./Stufe 3.5** ein und gib nach und nach die Eidotter und dann die weiche Schokolade durch die Deckelöffnung zu und rühre alles schaumig.

6. Gib die Hälfte des Eischnees, den Rum (optional) und die Mehlmischung dazu und vermische alles **5 Sek./Stufe 3**.

7. Gib den restlichen Eischnee dazu und mische **5 Sek./↺/Stufe 3**. Streiche die Masse auf das vorbereitete Backblech und belege es mit dem Obst. Backe den Kuchen 30–35 Minuten (180 °C) im vorgeheizten Backofen. Lass den Kuchen abkühlen, schneide ihn in Stücke und serviere ihn.

FEINSTE ROHRKOST

Belege den Kuchen mit deinem Lieblingsobst. Außer Marillen oder Kirschen bieten sich auch Zwetschken, Pfirsiche oder gemischte Beeren an.

Diesen schnellen Kuchen aus Omas Rezeptsammlung hast du im Handumdrehen im Rohr. Genauso schnell ist er aber auch wieder aufgegessen.

25 Min.   55 Min.   einfach   20 Stücke

pro Stück: Energiewerte 424 kJ/101 kcal, Eiweiß 6 g, Kohlenhydrate 9 g, Fett 5 g, gesättigte Fettsäuren 2 g, Ballaststoffe 1 g

NOMNOM-ROULADE

Das NomNom ist ein wahres Schleckermäulchen. Das steht außer Frage. Deshalb
haben wir dem süßen Lama ein extrasüßes Selbstporträt aus Kuchenteig gewidmet.
Damit es sich auch auf deinem Küchentisch jederzeit pudelwohl fühlt.

ZUTATEN

Helle und dunkle Biskuitmasse
- Butter zum Einfetten
- 105 g Weizenmehl, glatt
- 5 Eier (Größe M)
- 120 g Zucker
- 1 Prise Salz
- 1 TL Kakao
- Staubzucker zum Besieben

Himbeertopfencreme
- 5 Gelatineblätter
- 200 g Schlagobers
- 1 EL Zitronensaft
- 200 g Himbeeren
- 60–80 g Staubzucker
- 200 g Topfen, 20 % Fett

Fertigstellung
- Esspapier, rosa
- Fondant, weiß
- Zuckerschrift, braun
  (dunkle Schokolade)

NÜTZLICHES ZUBEHÖR

Backblech, Backpapier, Spritzbeutel
mit Lochtülle (Ø 4 mm), Schüssel,
feines Sieb, Teigkarte, Teesieb,
Nudelholz

✐ 50 Min.

🕐 2 Std. 15 Min.

👨‍🍳👨‍🍳 mittel

🍰 14 Stücke

📊 pro Stück:
Energiewerte 811 kJ/194 kcal,
Eiweiß 7 g, Kohlenhydrate 21 g,
Fett 9 g, gesättigte Fettsäuren 6 g,
Ballaststoffe 2 g

ZUBEREITUNG

Helle und dunkle Biskuitmasse

1. Heize den Backofen auf 180 °C (Ober- und Unterhitze) vor. Zeichne das
   Lamafellmuster mit Filzstift auf ein Backpapier. Bestreiche die Ecken von
   einem Backblech mit etwas Butter und lege das bezeichnete Backpapier darauf. Lege ein weiteres Backpapier darüber und klebe es an den Ecken mit
   etwas Butter fest. Bereite einen kleinen Spritzbeutel mit Lochtülle (Ø 4 mm)
   vor. Stell eine Schüssel auf den Mixtopfdeckel und wiege das Mehl ein.

2. **Setze den Rühraufsatz in den fettfreien Mixtopf ein.** Trenne die Eier
   sauber in Eiklar und Eidotter. Gib das Eiklar, den Zucker und das Salz in den
   Mixtopf und schlage den Eischnee ohne Messbecher **6 Min./Stufe 4** steif,
   gib dabei nach 4 Minuten die Eidotter nach und nach durch die Deckelöffnung auf das laufende Messer zu.

3. Siebe das abgewogene Mehl über die Eimasse im Mixtopf und vermische
   es **5 Sek./Stufe 3. Entferne den Rühraufsatz.**

4. Nimm 3 EL der Biskuitmasse aus dem Mixtopf und gib sie in eine kleine
   Schüssel. Gib 1 TL Kakao in ein Teesieb, siebe es über die Masse und
   verrühre alles vorsichtig. Fülle die Kakao-Biskuitmasse in den vorbereiteten
   Spritzbeutel und spritze das Lamafell-Muster auf das Backpapier. Schiebe
   das Backblech in den vorgeheizten Backofen und backe das Muster 2–3
   Minuten (180 °C). Nimm das Backblech aus dem Ofen, leere nun die helle
   Biskuitmasse über das Muster, verstreiche sie vorsichtig mit der Teigkarte
   und backe nochmals 9 Minuten (180 °C). Bereite inzwischen ein Backpapier
   vor und besiebe es dicht mit Staubzucker. Stürze das gebackene Biskuit auf
   das gezuckerte Backpapier und ziehe das obere Backpapier vorsichtig ab.

5. Lege wieder ein Backpapier auf die Biskuitrolle, drehe das Biskuit um und
   rolle es noch warm mithilfe des Backpapiers auf. Lass es so abkühlen.
   Spüle den Mixtopf und bereite die Füllung vor.

Himbeertopfencreme

6. Weiche die Gelatine ca. 5 Minuten in einer Schüssel mit kaltem Wasser ein.

7. **Setze den Rühraufsatz in den Mixtopf ein.** Gib das Schlagobers in den
   Mixtopf und schlage es **ohne Zeiteinstellung/Stufe 3** unter Beobach-
   tung steif. **Entferne den Rühraufsatz** und fülle das Schlagobers in eine
   Schüssel um.

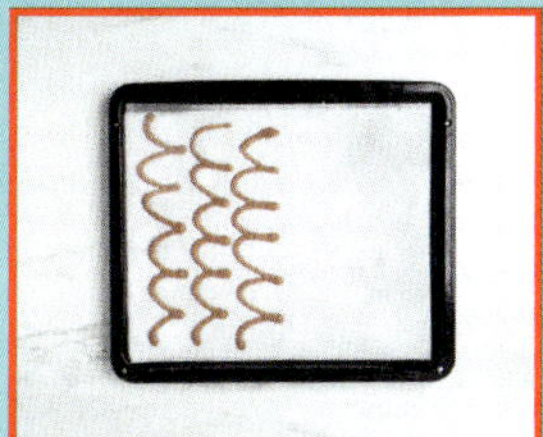

SIEHE SCHRITT 4

8. Gib den Zitronensaft und die ausgedrückte Gelatine in den Mixtopf und löse sie **2 Min./50°C/Stufe 2** auf.
9. Gib die Himbeeren und 60–80 g Staubzucker in den Mixtopf und püriere **15 Sek./Stufe 8**.
10. Gib den Topfen dazu und vermische alles **10 Sek./Stufe 4**.
11. **Setze den Rühraufsatz wieder ein**. Gib das geschlagene Obers dazu und mische **7 Sek./Stufe 3**. Fülle die Himbeertopfencreme in eine Schüssel um und stelle sie 30–45 Minuten in den Kühlschrank, bis sie fester geworden ist.

Fertigstellung

12. Rolle das Biskuit vorsichtig auf. Bestreiche es gleichmäßig mit der Himbeertopfencreme, die nun schon eine festere Konsistenz haben sollte (wenn nicht, noch etwas länger kühlen). Rolle das Biskuit wieder auf und stell es zum Festwerden ca. 1 Stunde in den Kühlschrank.
13. Schneide die Ohren für das Lama aus rosa Esspapier aus. Mache aus weißem Fondant 3 Kugeln: Du brauchst 1 Kugel (Ø ca. 2–3 cm) für das Gesicht und 2 ca. haselnussgroße Kugeln für die Augen. Besiebe die Arbeitsfläche mit wenig Staubzucker und rolle die Kugeln dünn zu 2 Augen und einem Gesicht aus. Male mit dunkler Schoko-Zuckerschrift das Gesicht und die Augen auf den Fondant. Setze alles zusammen, ziehe mit der Schoko-Zuckerschrift eine Umrandung um Gesicht und Augen und serviere die NomNom-Roulade.

DEINE KINDER WERDEN AUGEN MACHEN!

Die NomNom-Roulade macht Spaß und ist eine kreative Beschäftigung. Du kannst mit der Kakaomasse auch Blümchen oder Schmetterlinge auf das Backpapier zeichnen.

FLEISSIGES BIENCHEN

Den ganzen Sommer schwirren sie umher und sorgen dafür, dass wir genügend
Obst und Gemüse zu Hause haben, um herrliche Kostbarkeiten zu
kreieren. Als kleines Dankeschön haben wir ihnen nun eine Süßspeise gewidmet.

ZUTATEN

Rührteig
- 40 g Mandeln, geschält
- 300 g Weizenmehl, glatt, Type 480
- 2 TL Backpulver
- 5 Eier (Größe M)
- 230 g Zucker
- ½ TL natürliches Vanilleextrakt
- 1 Prise Salz
- 230 g Buttermilch
- 230 g Rapsöl (neutral)
- 1 Bio-Zitrone, Schale abgerieben

Zitronige Topfen-Stracciatellafüllung
- 450 g Schlagobers
- 1 Päckchen Sahnesteif
- 2–3 Bio-Zitronen
- 8 Pfirsiche, aus der Dose, Hälften
- 80 g Wasser
- 2 TL Agar-Agar-Pulver
- 380 g Magertopfen
- 70 g Staubzucker
- ½ TL natürliches Vanilleextrakt
- 50 g Schokoraspel

Fruchtspiegel und Fertigstellung
- 250 g Orangensaft, frisch gepresst
- 250 g Pfirsiche,
  aus der Dose, Hälften
- 3 TL Agar-Agar-Pulver
- 30 g weiße Schokolade, in Stücken
- 60 g Zartbitterkuvertüre, in Stücken
- 8–10 Pfirsiche, aus der Dose, Hälften
- 50–60 g Schokofondant oder Fondant, schwarz oder braun
- Mandelstifte oder Mandelblättchen
  zum Dekorieren
- 16–20 Zuckeraugen, essbar

ZUBEREITUNG

Rührteig

1. Belege ein Backblech mit Backpapier, stell einen Backrahmen darauf und
   ziehe ihn auf 30 x 36 cm aus. Heize den Backofen auf 170 °C (Ober- und
   Unterhitze) vor.
2. Gib die Mandeln in den Mixtopf und mahle sie **20 Sek./Stufe 10**.
3. Gib das Mehl und das Backpulver dazu und mische **10 Sek./Stufe 3**.
   Fülle die Mandel-Mehl-Mischung in eine Schüssel um.
4. **Setze den Rühraufsatz in den Mixtopf ein**. Gib die Eier, den Zucker, den
   Vanilleextrakt und das Salz in den Mixtopf und schlage alles
   5 Min./37 °C/Stufe 3.5 auf.
5. Gib die Mandel-Mehl-Mischung, die Buttermilch, das Öl und die abgeriebene Zitronenschale dazu und vermische alles **20 Sek./Stufe 3.5**. **Entferne
   den Rühraufsatz**, fülle den Teig in den Backrahmen und streiche ihn glatt.
   Backe den Boden ca. 25 Minuten (170 °C) goldbraun und lass ihn dann
   abkühlen. Spüle den Mixtopf.

Zitronige Topfen-Stracciatellafüllung

6. **Setze den Rühraufsatz in den Mixtopf ein**. Gib das Schlagobers in den
   Mixtopf und schlage es **ohne Zeiteinstellung/Stufe 3** unter Beobachtung
   steif, lass dabei nach ca. 20 Sekunden Sahnesteif einrieseln (Achtung,
   das Obers wird dann sehr schnell fest). **Entferne den Rühraufsatz**, fülle
   das Obers in eine Schüssel um und stell es in den Kühlschrank. Spüle den
   Mixtopf.
7. Wasche die Zitronen heiß ab, trockne sie und reibe die Schale von 2 Zitronen ab. Presse den Saft der Zitronen aus. Du benötigst 80 g Saft. Schneide
   8 Pfirsichhälften in kleine Würfel (1 cm).
8. Gib 80 g Zitronensaft, das Wasser, die Zitronenschale und das
   Agar-Agar in den Mixtopf und vermische alles **10 Sek./Stufe 4**.
9. Koche danach **7 Min./100 °C/Stufe 1** (das Agar-Agar muss
   mind. 2 Min. sprudelnd kochen!). Fülle das Agar-Agar in eine
   Schüssel um und lass es abkühlen, bis es lauwarm ist
   (ca. 10 Minuten). Rühre dabei öfter um. Fahre danach im Rezept fort.

→ auf der nächsten Seite geht es weiter

Backblech, Backpapier, Kuchengitter, feine Reibe, Zitruspresse,
eckiger Backrahmen (verstellbar),
Küchenpapier, Gefrierbeutel

Gieße den lippenwarmen Fruchtspiegel
auf die im Kühlschrank fest gewordene
Topfen-Stracciatellafüllung und gib den
Kuchen danach wieder in den Kühlschrank.

Leg die Pfirsichhälften auf ein Kuchengitter,
tupfe sie mit Küchenpapier trocken und
zeichne mit geschmolzener Schokolade
Streifen auf die Pfirsiche.

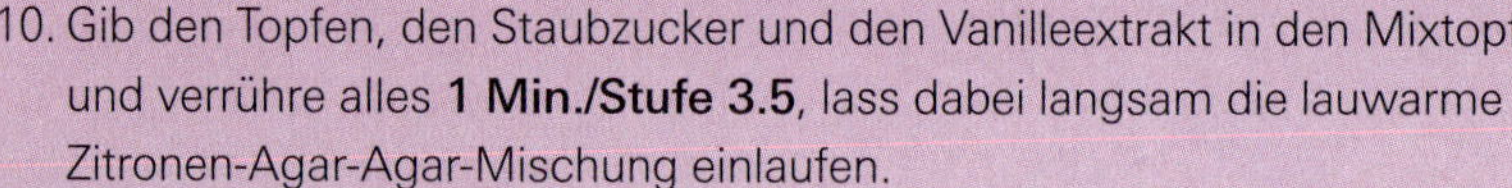

10. Gib den Topfen, den Staubzucker und den Vanilleextrakt in den Mixtopf und verrühre alles **1 Min./Stufe 3.5**, lass dabei langsam die lauwarme Zitronen-Agar-Agar-Mischung einlaufen.
11. Gib das steif geschlagene Obers, die Pfirsichwürfel und die Schokoraspel dazu und vermische alles mit dem Spatel. Verteile die Füllung auf dem abgekühlten Teig im Backrahmen, streiche sie glatt und lass sie im Kühlschrank ca. 3 Stunden lang fest werden. Mixtopf spülen.

Fruchtspiegel und Fertigstellung

12. Gib den Orangensaft und die Pfirsiche in den Mixtopf und püriere **30 Sek./Stufe 10**.
13. Gib das Agar-Agar dazu und vermische alles **15 Sek./Stufe 3**.
14. Koche danach **12 Min./100°C/Stufe 1** (die Flüssigkeit muss mind. 2 Minuten sprudelnd kochen).
15. Gib die Schokolade dazu und rühre **2 Min./Stufe 3**. Lass den Fruchtspiegel abkühlen, bis er nur mehr lippenwarm ist (ca. 20 Minuten) und rühre dabei öfter um. Dann gieße ihn gleichmäßig über den gekühlten Kuchen und gib den Kuchen wieder in den Kühlschrank. Mixtopf spülen.
16. Kurz vor dem Servieren: Gib die Zartbitterkuvertüre in den Mixtopf und schmilz sie **3 Min./70°C/Stufe 2**. Lege währenddessen 8–10 Pfirsich-hälften nebeneinander auf ein Kuchengitter und stell dieses auf einen Bogen Backpapier. Tupfe die Pfirsiche mit Küchenpapier trocken. Fülle die geschmolzene Schokolade in einen Gefrierbeutel um, schneide eine feine Spitze ab und zeichne Streifen über die Pfirsichhälften.
17. Forme aus dem Schokofondant (oder schwarzem Fondant) kleine Kugeln (Ø 1,5 cm) für den Kopf der Bienchen und klebe Zuckeraugen darauf, indem du sie mit der restlichen Schokoglasur oder Zuckerkleber bestreichst und anklebst. Die Flügel der Bienchen machst du aus Mandelstiften oder Blätt-chen, die du in die Pfirsiche steckst. Setze die Pfirsichhälften auf den ge-kühlten Kuchen und montiere dann den Kopf. Serviere das fleißige Bienchen.

Du kannst auf diese Art auch eine Torte in einer runden Springform (Durchmesser 26 cm) zubereiten. Dazu schneidest du das Biskuit einmal waagrecht auseinander und streichst die Creme einfach zwischen die beiden Hälften.

✎ 1 Std. 20 Min. ⏱ 6 Std. 20 Min. 🌼🌼🌼 aufwendig 🍰 30 Stücke
📊 pro Stück: Energiewerte 1281 kJ/306 kcal, Eiweiß 6 g, Kohlenhydrate 32 g, Fett 17 g, gesättigte Fettsäuren 4 g, Ballaststoffe 2 g

BUTTERKEKSE

Jeder kennt sie, jeder mag sie – deshalb verzwicken wir Österreicher und Österreicherinnen pro Kopf und Jahr neun Kilo Kekse! Der Großteil davon sind knusprig-feine Butterkekse. Denn diese müssen wir gar nicht erst im Supermarkt kaufen – sondern bloß selbst aus dem Ofen holen!

ZUTATEN

- 1 TL Zitronenschale, gerieben
- 150 g Zucker
- 300 g Butter, in Stücken
- 350 g Weizenmehl, glatt Type 480
- 1 Prise Salz
- 1 Eidotter
- 1 EL Milch

NÜTZLICHES ZUBEHÖR

Frischhaltefolie, Backbleche, Backpapier, Nudelholz, Kuchengitter, Keksausstecher

ZUBEREITUNG

1. Gib die Zitronenschale und den Zucker in den Mixtopf und pulverisiere beides **20 Sek./Stufe 10**. Schiebe den Zitronenzucker mit dem Spatel nach unten.
2. Gib die Butter, das Mehl, das Salz, den Eidotter und die Milch dazu und vermische alles **20 Sek./Stufe 5**. Gib den Teig auf die Arbeitsfläche und knete ihn zu einer Kugel. Drücke die Kugel flach und wickle sie in Frischhaltefolie. Gib den eingewickelten Teig für 30 Minuten in den Kühlschrank.
3. Heize den Backofen auf 180 °C (Ober- und Unterhitze) vor. Belege 2 Backbleche mit Backpapier.
4. Rolle den gekühlten Teig mit dem Nudelholz auf der gut bemehlten Arbeitsfläche ca. 5 mm dick aus. Nun kannst du mit verschiedenen Keksausstechern z. B. Tiere, Herzen, Blumen, Sterne aus dem Teig ausstechen und auf die vorbereiteten Backbleche legen. Backe die Bleche nacheinander ca. 8–11 Minuten (180 °C). Lass die Kekse auf einem Kuchengitter auskühlen. Serviere die Kekse oder bewahre sie in einer luftdicht verschließbaren Dose auf.

- -

Du kannst die Kekse auch mit Marmelade zusammenkleben, z. B. mit Marillenmarmelade oder Erdbeermarmelade.

⟋ 30 Min.   ⏱ 1 Std. 15 Min.   ♨ einfach   ⊖ 50 Stück

▦ pro Stück: Energiewerte 341 kJ/82 kcal, Eiweiß 1 g, Kohlenhydrate 8 g, Fett 5 g, gesättigte Fettsäuren 3 g

HEIDELBEER-JOGHURT-POPS

ZUTATEN

- 380 g Waldheidelbeeren, gefroren
- 30 g Zucker
- 20 g Zitronensaft, frisch gepresst
- 420 g Vanillejoghurt

NÜTZLICHES ZUBEHÖR

Schüssel, Geschirrtuch,
8 Eislutscherformen (à 100 ml)

ZUBEREITUNG

1. Gib die Heidelbeeren, den Zucker und den Zitronensaft in den Mixtopf, stelle den Gareinsatz anstelle des Messbechers auf den Mixtopfdeckel und koche **15 Min./100°C/Stufe 1**. Fülle die Masse in eine Schüssel um und lass sie vollständig abkühlen.
2. Gib das Vanillejoghurt zur abgekühlten Heidelbeermasse und ziehe es mit dem Spatel unter. Verteile die Masse auf 8 Eislutscherformen (à 100 ml), stecke die Stiele hinein und gib sie für mind. 4 Stunden (oder über Nacht) in den Gefrierschrank.
3. Nimm die Formen aus dem Gefrierschrank und lass sie einige Minuten bei Zimmertemperatur stehen. Tauche ein Geschirrtuch in heißes Wasser, wringe es aus und lege es um die Form, bevor du das Eis herausnimmst. Serviere die Heidelbeer-Joghurt-Pops sofort.

✒ 10 Min.　🕐 5 Std. 10 Min.　👤 einfach　🍴 8 Stück

📊 pro Stück: Energiewerte 391 kJ/93 kcal, Eiweiß 2 g, Kohlenhydrate 16 g, Fett 2 g, gesättigte Fettsäuren 1 g, Ballaststoffe 2 g

Du kannst das Eis auch mit
gefrorenen Erdbeeren, Waldbeeren oder
Himbeeren zubereiten.
Finde deine Lieblingskombination.

ERDBEER-MANGO-POPS

ZUTATEN

- 300 g Erdbeeren,
  gewaschen und entkelcht
- 150–160 g Zucker
- 50 g Zitronensaft,
  frisch gepresst
- 400 g reife Mango,
  geschält, in Stücken

NÜTZLICHES ZUBEHÖR

Holzeisstiele, Geschirrtuch,
10 Eislutscherformen (à 100 ml)

ZUBEREITUNG

1. Gib die Erdbeeren, 80 g Zucker und 20 g Zitronensaft in den Mixtopf und püriere alles **30 Sek./Stufe 10**. Verteile das Fruchtpüree auf 10 Eislutscherformen und friere es ca. 1 Stunde ein.
2. Nach der Gefrierzeit: Gib die Mangostücke, 70–80 g Zucker und 30 g Zitronensaft in den Mixtopf und püriere alles **30 Sek./Stufe 10**. Verteile das Fruchtpüree auf die 10 Eislutscherformen, stecke je einen Holzstiel in die Formen und friere sie weitere 4 Stunden (oder über Nacht) ein.
3. Nimm die Formen danach aus dem Gefrierschrank und lass sie einige Minuten bei Zimmertemperatur stehen. Tauche ein Geschirrtuch in heißes Wasser, wringe es aus und lege es um die Formen, bevor du das Eis herausnimmst. Serviere die Erdbeer-Mango-Pops sofort.

- -

Wenn du keine Eislutscherformen hast, kannst du das Eis auch in eine flache Schale füllen und einfrieren. Danach schneidest du es in Stücke. Gib die Eisstücke in den Mixtopf und zerkleinere sie 20 Sek./Stufe 6. Danach einfach löffeln und genießen.

✎ 20 Min.   🕑 5 Std. 20 Min.   🍴 einfach   🍽 10 Stück (à 100 g)
📊 pro Stück: Energiewerte 416 kJ/99 kcal, Eiweiß 1 g, Kohlenhydrate 23 g, Ballaststoffe 1 g

GUMMIBÄRCHEN UND -SCHLANGEN

ZUTATEN

- 10 Gelatineblätter
- Wasser, kalt, zum Einweichen
- 130 g Fruchtsirup (z. B. Kirsche, Orange, Zitronenmelisse …)

NÜTZLICHES ZUBEHÖR

Silikon-Gummibärchenformen, Schneidbrett

ZUBEREITUNG

1. Weiche die Gelatineblätter in einer Schüssel mit kaltem Wasser ein und lass sie ca. 10 Minuten quellen.
2. Gib den Sirup und die ausgedrückte Gelatine in den Mixtopf und erwärme alles **5 Min./50°C/Stufe 1**, bis sich die Gelatine völlig aufgelöst hat. Spüle die Silikonformen (siehe Tipp) mit kaltem Wasser aus und schüttle das Wasser ab. Stell die Silikonformen auf ein Schneidbrett, das in den Kühlschrank passt, und befülle die Mulden randvoll mit der Flüssigkeit (siehe Tipp). Stell die Formen für mind. 3 Stunden (besser noch über Nacht) in den Kühlschrank.
3. Drücke die Bärchen vorsichtig aus den Formen und serviere sie.

- -

Du kannst spezielle Gummibärchenformen, Schlangenformen oder Ähnliches verwenden. Für die kleinen Bärchen mit nur 1 ml Inhalt benötigst du eine Pipette zum Einfüllen. Diese liefern die Hersteller der Formen meist schon mit. Achte darauf, dass du die Flüssigkeit blasenfrei befüllst.

Was für ein Spaß! Gummibärchen selbst herzustellen ist denkbar einfach. Du brauchst nur etwas Geduld, bis sie fest geworden sind. Es gibt Formen mit 1 bis 5 ml Fassungsvermögen pro Bärchen.

15 Min.   20 Min.   einfach   150 Stück à 1 ml
pro Stück: Energiewerte 12 kJ/3 kcal, Protein <1 g, Kohlenhydrate <1 g

ERDBEERGELEEHERZEN (VEGAN)

Wer sein Herz gern auf der Zunge trägt, der muss bei diesem Rezept förmlich dahinschmelzen!
Die kleinen roten Erdbeerherzen sind nicht nur liebevolle
Botschafter, sie gehen auch richtig leicht von der Hand – direkt in den Mund.

ZUTATEN

- 200 g Erdbeeren, TK, angetaut
- 60 g Zucker
- 1 Päckchen Agartine (10 g)
- 30 g Zitronensaft,
  frisch gepresst, gesiebt

NÜTZLICHES ZUBEHÖR

Schneidbrett, 2 Silikon-Herz-
Pralinenformen (15er), luftdicht
verschließbare Dose

ZUBEREITUNG

1. Gib die angetauten Erdbeeren in den Mixtopf, koche sie
   7 Min./100°C/Stufe 1 und püriere sie danach **20 Sek./Stufe 10**.
2. Schiebe alles mit dem Spatel nach unten, gib den Zucker und die Agartine
   dazu und koche die Mischung **4 Min./105°C/Stufe 1**. Spüle währenddessen die beiden Silikonherzformen mit kaltem Wasser aus, schüttle das
   Wasser ab und stell sie auf ein Brett.
3. Gib den Zitronensaft dazu, vermische alles **15 Sek./Stufe 1**. Befülle
   die Mulden randvoll mit der Flüssigkeit und stell die Formen für mind.
   2 Stunden (oder über Nacht) in den Kühlschrank.
4. Löse die Erdbeergeleeherzen vorsichtig aus den Formen und serviere sie
   sofort oder lege sie nebeneinander in eine luftdicht verschließbare Dose.

ROTE LIEBELEIEN

Agartine muss mindestens 2 Minuten sprudelnd kochen, damit sie geliert.

Bewahre die Herzen im Kühlschrank auf. Sie sind einige Tage haltbar.

Diese Herzen kannst du gemeinsam mit einem Erwachsenen für Mamas Muttertag oder
Omas Geburtstag herstellen. Die Silikonherzformen sind im Fachhandel erhältlich oder über
das Internet bestellbar.

✑ 15 Min. ⏱ 1 Std. 15 Min. 🍴 einfach 🥖 26 Stück
📊 pro Stück: Energiewerte 60 kJ/14 kcal, Eiweiß <1 g, Kohlenhydrate 3 g

MARSHMALLOWS (MÄUSESPECK)

Wenn wir es ganz genau nehmen würden, müssten wir in den Wald gehen, um die Wurzeln des echten Eibischs auszubuddeln. Aus diesen wurden nämlich die ersten Marshmallows gemacht. Aber zum Glück haben wir eine viel einfachere Methode gefunden, um an diesen Mäusespeck zu gelangen.

ZUTATEN

- 350 g Staubzucker
- 50 g Maisstärke
- Öl zum Einfetten
- 165 g Wasser
- 2 Päckchen Gelatine, gemahlen (ges. 18 g)
- 5–10 Tropfen Lebensmittelfarbe, flüssig, rot oder grün (optional)
- ½ TL Vanille, gemahlen
- 1 Prise Salz

NÜTZLICHES ZUBEHÖR

2 Schüsseln, feines Sieb, Auflaufform, Teigkarte, Frischhaltefolie, Schneidbrett, Messer mit glatter Schneide, Holzspieße, luftdicht verschließbare Dose, Auflaufform (24 x 20 cm), Backpinsel

ZUBEREITUNG

1. Stelle eine Schüssel auf den Mixtopfdeckel. Wiege 30 g Staubzucker und die Maisstärke in die Schüssel ein. Vermische beides miteinander und stelle die Mischung beiseite. Stelle eine andere Schüssel auf den Mixtopfdeckel und wiege 320 g Staubzucker in die Schüssel ein.
2. **Setze den Rühraufsatz in den Mixtopf ein.** Gib das Wasser, die Gelatine, einige Tropfen der Lebensmittelfarbe (optional), die gemahlene Vanille und das Salz in den Mixtopf und vermische es **5 Sek./Stufe 2.5.** Lass die Mischung im Mixtopf **5 Minuten** quellen. Fette währenddessen eine Auflaufform (24 x 20 cm) dünn mit Öl ein und besiebe den Boden und den Rand mit einem Teil der Staubzucker-Stärke-Mischung.
3. Löse die Mischung **2 Min. 30 Sek./50°C/Stufe 2** auf.
4. Rühre **4 Min./Stufe 3.5**, entferne nach ca. 1 Minute den Messbecher und gib den abgewogenen Staubzucker nach und nach durch die Deckelöffnung auf das laufende Messer zu.
5. Rühre die Masse weitere **2 Min./Stufe 3.** Entferne den Rühraufsatz. Fülle die Marshmallowmasse zügig in die Auflaufform und streiche sie mit einer Teigkarte glatt. Decke die Form mit Frischhaltefolie ab (aber nicht direkt auf die Masse legen) und lass die Masse 2 Stunden bei Raumtemperatur trocknen.
6. Löse die Masse mit einem kleinen Messer vom Rand. Siebe etwas von der Staubzucker-Stärke-Mischung über die Marshmallowplatte und stürze sie auf ein Brett, evt. musst du mit dem Spatel ein bisschen nachhelfen. Schneide die Platte mit einem scharfen Messer in Würfel (2–2,5 cm). Wende das Messer zwischendurch immer wieder in der Staubzucker-Stärke-Mischung. Serviere die Marshmallows auf Spießen oder bewahre sie einzeln aufgelegt in einer luftdicht verschließbaren Dose auf.

 30 Min.

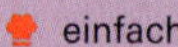 2 Std. 30 Min.

 einfach

 80 Stück

 pro Stück:
 Energiewerte 83 kJ/20 kcal,
 Kohlenhydrate 5 g

Du kannst Marshmallows in verschiedenen Farben herstellen. Probiere vorsichtig aus, wie viel deiner Lebensmittelfarbe du verwenden musst. Gib nicht zu viel davon zur Masse. Marshmallows sind in Pastellfarben am schönsten.

Stecke die Marshmallows auf bunte Trinkhalme. Tauche sie in Kakaoglasur und danach in Zuckerperlen. Sind sie nicht allerliebst?

KINDERKNETE

Plastilin ist sowas von gestern! Heute machen wir unsere bunte Knetmasse einfach selbst. Das hat gleich mehrere Vorteile: Wir haben schon vor dem Spielen mit den bunten Klumpen richtig viel Spaß – und falls jemand besonders hungrig ist, kann er gleich auch davon abbeißen!

ZUTATEN

- 250 g Wasser
- 20 g Öl
- 5 g Zitronensäure (1 TL)
- 100 g Salz
- 200 g Weizenmehl, glatt
- Lebensmittelfarbe, flüssig (Gelb, Rot, Blau, Grün)

NÜTZLICHES ZUBEHÖR

luftdicht verschließbare Dose

ZUBEREITUNG

1. Gib das Wasser und das Öl in den Mixtopf und lass es **3 Min./100°C/Stufe 1** aufkochen.
2. Gib die Zitronensäure, das Salz und das Mehl dazu und vermische alles **15 Sek./Stufe 4**. Gib die noch bröselige Knete auf die Arbeitsfläche, knete sie mit den Händen gut durch und teile sie in 4 gleich große Stücke.
3. Gib ein Stück der Knete und einige Tropfen einer flüssigen Lebensmittelfarbe (mit Gelb beginnen) in den Mixtopf und knete alles **1 Min./Stufe 4**. Mache es mit den anderen Stücken genauso. Färbe als nächstes rot, dann blau und zum Schluss grün. Gib die Knete in eine luftdicht verschließbare Dose, damit sie nicht austrocknet.

Die Kinderknete ist ca.
4 Wochen haltbar. Sie
muss aber immer luftdicht
verschlossen
aufbewahrt werden.

NOMNOM ZUM KUSCHELN

Unser Feinschmecker auf vier Pfoten ist nicht nur clever und fröhlich, er ist außerdem wirklich streichelweich! Vor allem dann, wenn du das NomNom als Stofftier selbst nähst. Das ist gar nicht kompliziert, aber auf jeden Fall sehr kuschelig.

WAS DU BRAUCHST

- ca. 35 cm Kunstfell (bei mindestens 100 cm breitem Stoff)
- ein Stück gewebter Stoff
- Füllwatte
- Bommelborte
- Schere
- Stecknadeln
- Nähnadel
- Stift
- Nähmaschine
- schwarzes Stickgarn mit passender Nadel
- Glöckchen/Quasten zum Verzieren

NÜTZLICHES ZUBEHÖR

- Nähmaschine
- elastisches Nähgarn
- Schnittkreide
- Textilkleber
- Schere
- Trickmarker
- etwas Geduld und Zeit

WIE VOM PROFI GESCHNEIDERT

Für unser NomNom hat sich Schneidermeister Rajabi Ahmad zwei Tage lang Zeit genommen, um all sein Können in das liebe Stofflama zu stecken. Für dich hat er den einfachen Grundschnitt schön gezeichnet, damit unser NomNom wirklich jeder nachnähen kann. Viel Spaß dabei!

EINFACHE NÄH-ANLEITUNG

Erster Schritt

Schneide die Teile des Schnittmusters aus und klebe sie an den Markierungen zusammen. Anschließend schneide die Teile zu: 2 x den Körper, 1 x den Schwanz und 4 x die Ohren. Die Nahtzugabe ist in allen Teilen bereits enthalten, das macht die Sache von Anfang an einfacher.

Zweiter Schritt

Stecke die Teile für den Körper rechts auf rechts mit Stecknadeln zusammen und steppe sie knapp am Rand ab. Denke daran, am Rücken einen handbreiten Spalt zum Wenden zu lassen!

Nun falte den Schwanz in der Mitte (auch auf die rechte Seite) und nähe ihn zusammen. Unten lässt du offen, da der Schwanz noch gefüllt wird.

Die Ohren werden jetzt links auf links zusammengenäht (es wäre zu fummelig, sie später auch noch zu wenden und zu füllen, aber wer das schöner findet, kann das natürlch machen).

Dritter Schritt

Wende den Körper und den Schwanz auf rechts und fülle ordentlich Füllwatte hinein. Diese soll unser NomNom wirklich steif machen, du kannst also ruhig viel einfüllen achte bloß darauf, dass deine Nähte halten!

Nun einfach das Loch am Rücken mit der Hand vernähen.

Vierter Schritt

Nun nähe die Ohren und den Schwanz mit der Hand fest an, das ist einfacher als mit der Nähmaschine. Wenn du sie gefüllt hast, stehen sie besser ab. Natürlich kannst du auch so wie unsere NomNom-Schneider einen zweiten, hautfärbigen Stoff verwenden, um die Ohren noch echter wirken zu lassen. Nun brauchst du nur noch mit Stickgarn oder einem zusätzlichen, dunkleren Stoff das Gesicht aufsticken. Tipp: Bärenaugen aus dem Fachhandel lassen dein NomNom noch lebendiger wirken!

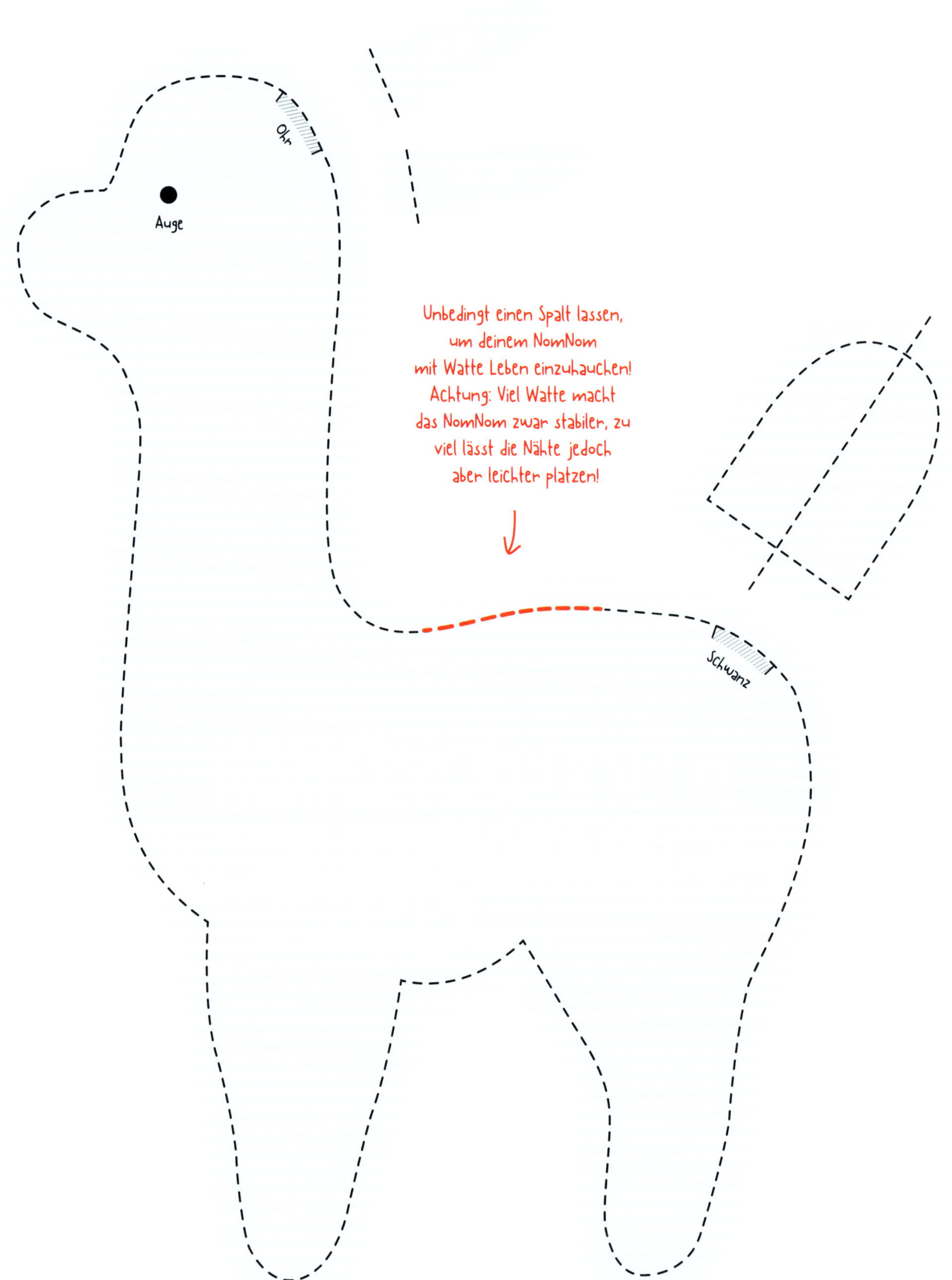
Ohr
Auge
Unbedingt einen Spalt lassen,
um deinem NomNom
mit Watte Leben einzuhauchen!
Achtung: Viel Watte macht
das NomNom zwar stabiler, zu
viel lässt die Nähte jedoch
aber leichter platzen!
Schwanz

UNSER MASSSTAB
Du kannst die Schnitte in genau dieser
Größe verweden oder sie einfach um 60 %
vergrößern. Dann wird NomNom
ungefähr so groß wie auf unserem Foto.

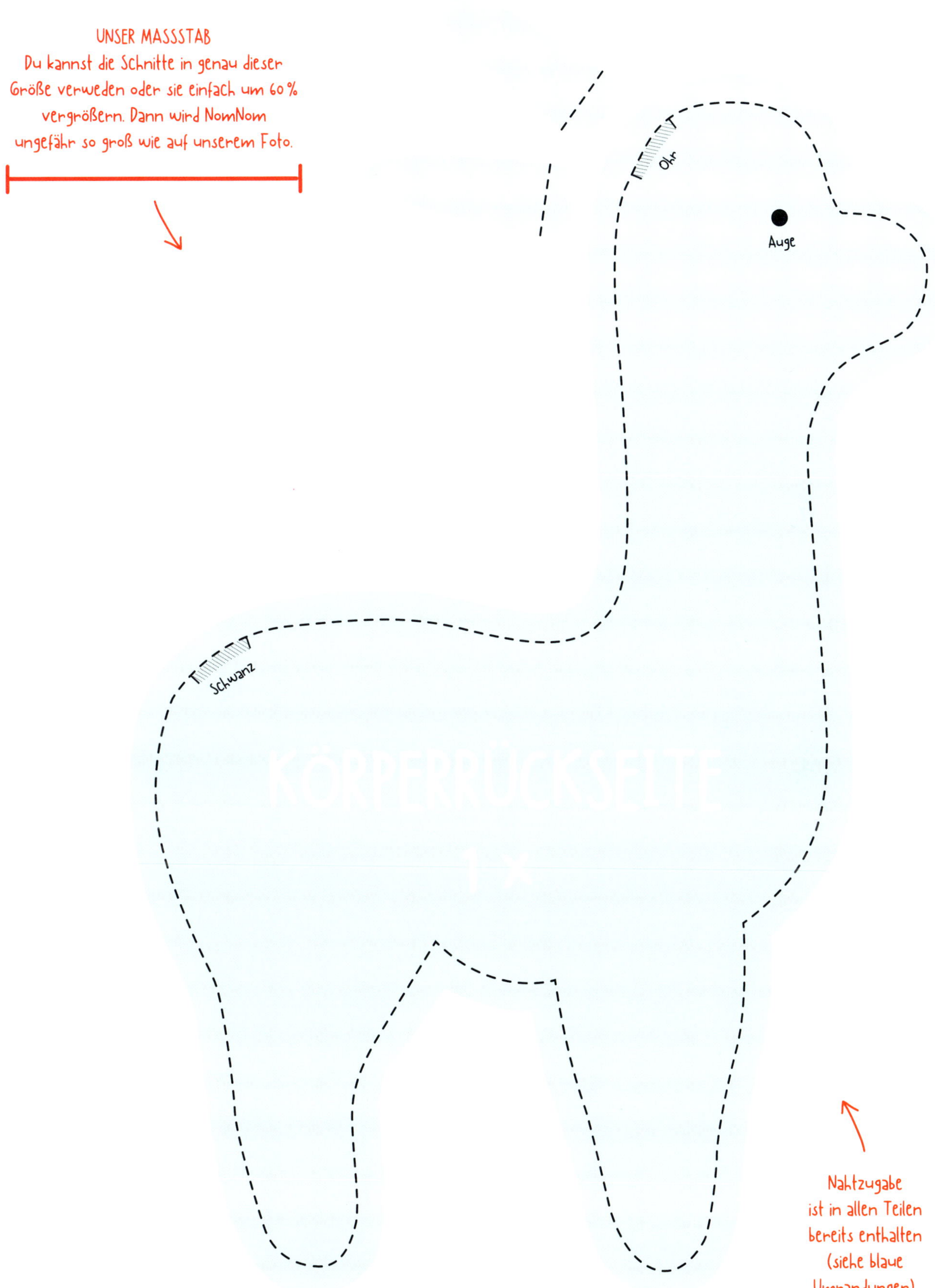

Nahtzugabe
ist in allen Teilen
bereits enthalten
(siehe blaue
Umrandungen).

VON A BIS Z

A-D

E-F

G-I

K–P

R–Z

COOKIDOO® – DIE DIGITALE REZEPTWELT VON THERMOMIX®

Entdecke Tausende Rezepte online auf unserem Rezept-Portal Cookidoo®. Unter www.cookidoo.at oder über die mobile Thermomix® Cookidoo® App findest du stetig neue Inspirationen. Mit deinem Jahres-Abo Cookidoo® hast du unlimitierten Zugriff auf den gesamten Thermomix®-Rezeptschatz.

Registriere dich jetzt auf Cookidoo® und erlebe die Rezeptvielfalt von Thermomix® mit dem einmonatigen Gratis-Schnupper-Abo. Lass dich jeden Tag aufs Neue von unseren Rezeptideen inspirieren, plane deine Woche und lege dir deine Einkaufsliste zurecht.

INSPIRATION FÜR JEDEN TAG

Von A wie „Alles Paradeiser" bis Z wie „Zu Gast auf Zypern" – auf Cookidoo® findest du für jeden Geschmack und Anlass das passende Rezept. Egal, ob Anfänger, erfahrener Hobbykoch oder Profi, Cookidoo® wird dich inspirieren!

DIE GEWÜRZKOLLEKTION VON THERMOMIX®
FÜR DEN GROSSEN GESCHMACK

Für Feinschmecker, Entdecker, individuelle Gaumen und Liebhaber der heimischen Küche bieten wir das richtige Sortiment.

Von Kurkuma, Thymian, Tellicherry Pfeffer bis zu feinen Mischungen wie Wiener Süße, Bauerngarten oder für die Grillsaison Olivenhain – unsere Gewürze sind intensiv, aromatisch und vielfältig!

Entdecke die gesamte Produktwelt von Thermomix® unter thermomix.vorwerk.at/shop und in den 3 Vorwerk Stores.

ENTDECKE UNSERE VIELFALT AN THERMOMIX®-KOCHBÜCHERN

Die angeführten Kochbücher und noch einige mehr findest du in unserem Online-Shop unter thermomix.vorwerk.at/shop oder in unseren Vorwerk Stores in der Shopping City Süd Vösendorf, in der Plus City Pasching oder im Donau Zentrum Wien.

IMPRESSUM

Leitung Recipe Business
Philipp Kammerer, Vorwerk Austria GmbH & Co. KG

Konzept & Projektleitung
Monika Wokurek, Vorwerk Austria GmbH & Co. KG

Rezeptentwicklung
Monika Wokurek, Vorwerk Austria GmbH & Co. KG

Nährwertberechnung
Bettina Böhm, Diätologin

Fotografie
Food: Theresa Schrems, Foto & Style
People: Sebastian Philipp Fotografie, Wien

Maske
Anna Irene Eberle, Wien

Foodstyling
Franz Karner, Foodworx

Wir danken für die Porzellan-Leihgabe:
feinedinge Porzellan Manufaktur, Wien
FRÄULEIN ANNA, Wien

Text
Monika Wokurek, Vorwerk Austria GmbH & Co. KG
Johannes Stühlinger, UND Kommunikation GmbH

Gesamtkonzept (Layout, Grafik, Satz)
Michael Schmid, Sputnik KG
Barbara Kretschmar, Rakete Content GmbH
Rebecca Wiederstein, Rakete Content GmbH
Johannes Stühlinger, UND Kommunikation GmbH

Illustration
Amir Abou-Roumié, Wien

NomNom Stofftier
Realisierung: Schneider Rajabi Ahmed
Schnitt: Katharina Pasternak

Lektorat
Carola Kilga

Druck
Mohn Media Mohndruck GmbH, Gütersloh

Herausgeber
Vorwerk Austria GmbH & Co. KG
Schäfferhofstraße 15, 6971 Hard

Copyright © 2019
by Vorwerk Austria GmbH & Co. KG
Wien, Österreich
by Vorwerk International
Strecker & Co. Wollerau, Schweiz

Auflage
1. Auflage: August 2019

Alle Rechte für Text, Bild, Layout, Fotografie und Illustration liegen bei
Vorwerk Austria GmbH & Co. KG.

Alle Rechte der Verbreitung, auch durch Film, Funk, Fernsehen,
fotomechanische Wiedergabe, Tonträger jeglicher Art, auszugsweiser
Nachdruck oder Einspeicherung und Rückgewinnung in Datenverar-
beitungsanlagen aller Art sind vorbehalten.

Artikelnummer: ID 2019 08 26762 AT
ISBN: 978-3-9504612-9-9
Preis: € 34,00

Hinweis: Die Verwendung von Rezepten, die für den Thermomix®
TM6 bzw. Thermomix® TM5 entwickelt wurden, auf dem Thermomix®
TM31 oder älteren Versionen ist ohne spezifische Kompatibilitätsan-
gaben
nicht erlaubt. Die Kapazität des Mixtopfes des Thermomix® TM6 bzw.
Thermomix® TM5 beträgt 2,2 Liter, jene des Thermomix® TM31 hingegen 2,0 Liter. Weiters verfügt der Varoma® des Thermomix® TM6 bzw.
Thermomix® TM5 über bis zu 3,3 Liter Kapazität, der Varoma® des
Thermomix® TM31 über 3,0 Liter. Die Zubereitung von Rezepten, die
für den Thermomix® TM6 bzw. Thermomix® TM5 entwickelt wurden,
könnte daher im Thermomix® TM31 den Austritt von heißen Flüssigkeiten zur Folge haben und möglicherweise zu Verletzungen führen.
Dafür wird keinerlei Haftung übernommen.

thermomix.vorwerk.at
facebook.com/thermomix.oesterreich
instagram.com/thermomix.austria